부 산 외 국 어 대 학 교 만 오 교 양 대 학 교 재 편 찬 위 원 회

세상을 바꾸는 글쓰기

세바글

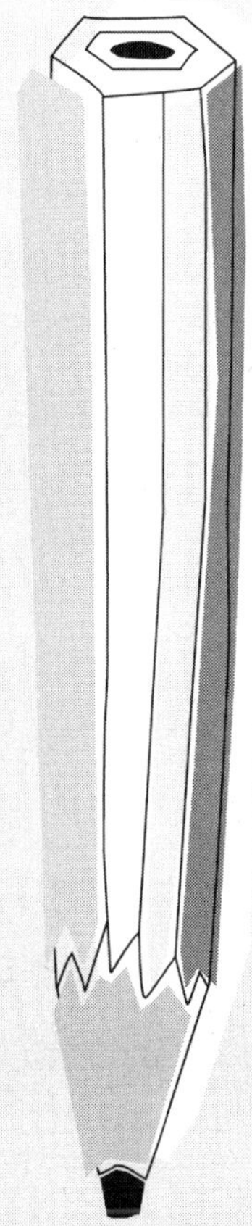

전면개정판

부산외국어대학교 출판부

머리말

교육의 목적은 성장이다. 성장은 곧 변화를 뜻한다. 아주 오랜 옛날부터 오늘에 이르기까지 사람에게 변화와 성장이 필요했던 이유는 분명하다. 사람의 능력과 수명에 한계가 있기 때문이다. 그 한계는 반드시 극복되어야 하는데, 교육은 매우 훌륭한 극복 방법이다. 한 사람 한 사람, 한 세대 한 세대가 알아낸 지식을 다른 사람들과 후속 세대에게 온전하게 그리고 때로는 더 나은 형태로 전달하는 과정이 없다면 다음 세대의 사람들은 무엇이든 처음부터 다시 시작해야 할 것이다. 따라서 교육 그 자체는 인류가 만들어낸 가장 아름다운 유산이다. 그리고 그 출발점에 사람과 사람의 소통이 자리한다.

지금 우리가 살고 있는 디지털 시대는 그 어느 때보다 글쓰기의 중요성이 강조되고 있다. 스마트폰은 일상생활에서 음성보다 문자로 대화하는 시간을 크게 확대하였다. 직업의 세계에서도 글쓰기를 포함한 의사소통능력은 어느 직업을 갖든 갖추어야 할 직업기초능력으로 분류되고 있다. 중고등학교에서 글쓰기 교육이 충분히 이루어지지 않는 현실을 감안하면, 대학은 사실상 글쓰기 교육이 제대로 이루어질 수 있는 처음이자 마지막 기회나 다름없다.

부산외국어대학교에서 개설하고 있는 글쓰기 과목인 〈나를 바꾸는 글쓰기〉와 〈세상을 바꾸는 글쓰기〉는 이 소중한 기회를 결코 가볍게 여겨서는 안 된다는 문제의식에서 설계되었다. 글을 쓰는 과정이 쓰는 사람 자신과의 대화이자 내면의 성찰을 포함한다는 점, 그리고 그러한 대화와 성찰을 글로 담아내기 위해서는 글쓰기의 기초를 다질 필요가 있다는 점에서, 〈나를 바꾸는 글쓰기〉는 대학에 첫 발을 내디딘 새내기들이 수강해야 할 과목으로 적합한 과목이다.

글쓰기는 개인적인 차원에서 시작하지만, 결국 글은 다른 사람들에게 전달되고, 그들과 영향을 주고받으며, 훗날 다른 세대에 전달되기까지 하는 성격을 지닌다. 그래서 글쓰기의 기초를 수강한 학생들이 자신과 세상을 잇고, 세상과 마주하며, 마침내 세상으로 나아가는 글쓰기 학습을 할 수 있는 기회를 갖는 것은 매우 중요하다. 그래서 대학에서의 두 번째이자 인생의 마지막이 될 (가능성이 높은) 글쓰기 과목을 "세상을 바꾸는 글쓰기"라고 부르는 것은 결코 과하다고 할 수 없다. 특히 교육의 목적이 좋은 방향으로의 변화를 뜻하는 성장임이 분명하다면, 글쓰기 교육의 지향점 역시 사람과 그 사람이 사는 세상에 변화를 가져다 줄 수 있는 것이어야 한다.

두 번째 과목의 교재인 『세상을 바꾸는 글쓰기』는 초판이 나온 지 2년 반이 지났다. 그간 수업 현장에서 교재를 사용하면서 나타난 문제점들을 보완하여 이번에 전면 개정판을 펴내게 되었다. 개정판의 특징을 요약하자면, 책의 분량을 대폭 줄이고 읽기자료를 〈세상을 바꾸는 글쓰기〉의 취지에 좀 더 부합하는 것들로 바꾸려고 노력했다는 것이다. 초판의 분량이 300쪽이 넘다 보니 한 학기 수업에서 전부 소화할 수 없었고, 일부 읽기자료는 필요 이상으로 어려워서 실질적인 활용도가 떨어졌다. 개정판에서는 그런 점들을 보완했을 뿐 아니라, 학생들이 글쓰기에 좀 더 친근하게 다가갈 수 있도록 그림과 사진자료를 적극 활용하였다.

글쓰기 교재를 만들거나 개정하는 것 역시 글쓰기다. 집필진 각각의 삶에서 경험의 지평이 넓어진다는 점에서 '나'를 바꾸는 글쓰기인 것이며, 그 결과물로 이루어지는 수업은 학생들의 글쓰기 능력을 향상시키기에 결국 '세상'을 바꾸는 글쓰기이도 한 것이다. 초판을 보완하려는 노력에도 불구하고 개정판 역시 완벽한 교재일 수는 없을 것이다. 그러나 한계를 극복하려는 우리의 노력은 교육에 대한 확고한 믿음에 기초한 것이며, 그 결과물을 활용한 글쓰기 교육으로 학생들을 성장으로 이끄는 작은 디딤돌이 되기를 희망한다.

만오교양대학 교재편찬위원회

목차

| 제 1 부 |

나와 세상을 잇는 글쓰기

나, 너, 우리, 세계를 생각하다

1. 뇌지도로 읽는 나의 관심사

아래 지도의 빈칸을 채워 보고, 친구들과 서로의 관심사를 이야기해 보자.

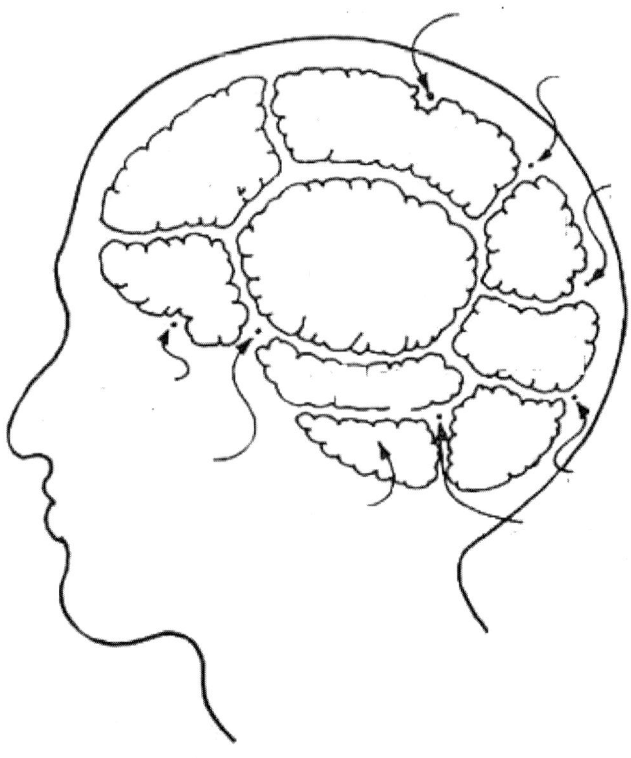

2. '생각해 보라'는 주문

대학에 입학하고 나서 대학생들이 겪는 고민은 여러 가지가 있다. 그중 글쓰기 교과를 비롯한 인문사회 교과목에서 요구하는 '생각해 보라'는 주문은 학생들이 글쓰기 과목을 부담스러워하는 이유 중 하나이다. 생각을 더 해 보라니. 나름대로 생각하고 내린 결론인데 왜 '더 생각해 보라'는 주문을 듣는 것일까?

이런 경우 '생각해 보라'는 요청의 뜻은 두 가지다. 첫째, 멀게만 생각하지 말고 내가 그 상황에 놓였다면 어떤 마음이 들까 생각해 보라는 뜻이다. 노약자의 대중교통 이용 시 불편사항을 생각해 보는 것, 노숙인 자활을 위해 판매하는 잡지를 편견 없이 읽어보는 것, 서비스업에 종사하는 사람들에게 감정노동을 요구하지 않는 것 등 일상적인 영역에서 내 입장을 투영해 결론을 내릴 수 있다. 다리를 다쳐서 목발을 짚고 지하철이나 버스를 탔을 때 불편했던 점을 떠올려 본다면, 어렴풋하게나마 장애인 이동권이 얼마나 문제가 많은지 이해할 수 있다. 노숙인 자활의 경우, 일자리가 없어 무력해진 사람에게 단순히 '도움을 주'고 '기부를 하'는 행동보다 일할 수 있는 자리가 생겨나는 것이 더 소중할 것이다. 마지막으로 감정노동 요구 또한 마찬가지이다. 아르바이트할 때 필요 이상으로 친절하고 고분고분할 것을 요구하는 손님과 상사에게 어떤 마음이 들었을까. 이런 상황을 상상하고 자기 마음을 점검함으로써 우리는 자신의 문제뿐 아니라 사회문제를 좀 더 신중하게 다룰 수 있다.

그런데 내 삶에서 앞으로 일어날 것 같지 않은 일의 경우 감정이입은 쉽지 않다. 그리고 모두가 나와 비슷하게 생각하거나 같은 강도로 감정을 느끼지 않는 것도 사실이다. 그럴 경우 두 번째 차원에서 생각할 일이 생긴다. 다른 사람의 입장을 그 사람의 상황을 중심으로 생각하는 것이다. 장애인들이 이동권을 주장하며 지하철에서 시위한 이유가 무엇일까? 택배 배달기사가 '너무 잠이 와서 도저히 오늘은 택배를 보낼 수 없어 죄송하다'는 문자를 보낸 이유가 무엇일까? 왜 지역병원에서는 응급실을 더는 운영하지 못하겠다고 했을까?

지하철 휠체어 리프트 사고와 엘리베이터 없는 개찰구, 버스 승강장의 불편함 등은 '다칠 리 없다'고 생각한 이들에게 보이지 않는 문제로 취급된다. 그러나 휠체어 리프트 사고로 사망한 사람은 9명(2018년 기준)이고, 37개 지하철역은 아직도 엘리베이터만으로는 이동하기 어렵다고 한다. 누군가를 만나고 일하러 나갈 권리가 애초부터 주어져 있지 않은 것이나 마찬가지이지만, 그 문제는 당사자가 아니면 생각하지 않는다.

누군가에게 보내고 받는 택배도 마찬가지이다. 택배는 물류창고를 거쳐 가야 한다. 그리고 물류창고에 택배를 쌓고 분류하고 나누는 일을 누군가는 해야 한다. 하지만 택배 회사에서는 그 일을 하는 사람들을 따로 두지 않았고, 택배 배달기사가 오전에는 택배를 분류해 짐을 싣고 오후에는 배달을 하게 된다. 택배 배달기사가 고생하는 것은 안 된 일이지만, 이런 일을 생각하는 것 자체가 부담스럽게 느껴진다면? 이미 우리 안에 불편을 자극하는 무엇인가가 존재하고, 그것이 깊은 생각을 막는다는 것을 확인해야 한다.

마지막으로 환자를 구하고 싶어 일하던 의료종사자들의 경우이다. 술이나 약물로 과격해진 환자들, 감정이 격앙된 환자의 가족들에게 폭력을 당한 의료인 뉴스를 종종 접하게 된다. 얼마 전에는 구급대원이 술 취한 환자에게 맞아 사망한 일이 있었다. 특정 지역 병원에서는 응급실을 폐쇄해 의료인들을 보호하겠다는 결정을 내렸다. 지역사회에서 재발 방지를 약속했지만 이번에도 같은 지역에서 의료인 폭력이 일어났고, 해당 의료인은 뇌진탕으로 한동안 환자를 돌보지 못했다.

이 세 가지 상황은 일반적인 상황에 놓인 개인의 판단을 넘어 누구를 중심으로 삶이, 세계가 구성되어 있는지 이해하는 것이 얼마나 중요한지 가르쳐 준다. 삶이 나에게만 불평등한 것이 아니라 다른 누구에게는 더 큰 불평등을 제공한다는 것을 이해하고, 기울어진 바닥을 점검하는 것은 그래서 꼭 필요하다. 그렇기에 우리는 다양한 텍스트를 읽고 삶을 경험하고 결론을 찾아간다. 그러기 위해 낯선 글을 읽고 조금은 어려워 보이는 통계자료와 도표를 살펴보며, 직접 누군가를 만나 그 사람의 이야기를 들음으로써 나와 내 주변 사람들의 편견을 바꾸고 삶을 확장하게 된다. 그럼으로써 우리는 나의 세계를 넘어 '너'를 만나고, '우리'가 되고, 우리를 둘러싼 '세계'를 이해하고 공부하게 된다. 이러한 삶은 자신을 성장시키고 교양을 쌓을 뿐 아니라 우리 모두의 삶을 더 건강하게 이끌어 준다.

〈세상을 바꾸는 글쓰기〉는 〈나를 바꾸는 글쓰기〉에서 다루었던 글쓰기 이론 전반을 활용하되, 우리를 둘러싼 세상의 문제점을 포착해 적용하는 글쓰기 교과이다. 내가 접해 보았거나, 접해보지 못했을지라도 앞으로 만날 수 있는, 누구에게든 일어날 수 있는 문제들을 받아들일 때, 타인을 만나고 세상을 이해하는 힘을 만날 수 있다. 나, 너, 우리. 그리고 세계의 문제를 생각하고 다양한 글쓰기를 해 보자.

3. 감정이입을 넘어

낯선 질문을 던져 보자. 대학이라는 사회에서 내가 감정 이입하기 쉬운 문제는 무엇이었을까? 나는 상대방의 입장에서 그 사람의 행동을 생각해 본 적이 있을까? 때로는 감정을 이입해서 생각하기 어렵지만, 꼭 생각해 보아야 할 일을 마주하게 될 때가 있다. 대학생활을 하면서 감정 이입하기 쉬웠던 문제를 이야기해 보자. 그리고 다른 친구를 그 친구의 입장에서 이해하려고 애썼던 적이 있다면 이야기해 보자. 그리고 잘 되지 않아도 누군가를 이해하려 했을 때 어떤 생각을 하게 되었는지 이야기해 보자.

| 제 2 부 |

세상과 마주하는 글쓰기

제 1 장

문화와 예술

대중문화와 언어의 힘

1. 입장하기

다음은 우리나라의 공익광고와 랩 가사 중 일부이다. 각각의 광고와 랩이 어떤 의미를 전달하고 있으며 그 의미를 효과적으로 전달하기 위해 어떤 점을 부각했는지 친구들과 이야기해 보자. 또한 공익광고와 랩 사이에 공통점과 차이점이 있을지 이야기해 보자.

가)

나)

다)

이해를 두 번 해도 일만 나면 오해

– 에픽하이(EPIK HIGH), 〈또 싸워〉 중에서, 8집 『신발장』, 2014.

라)

10년간 니들 머리 위에서 날뛰는 내 랩은 더 떠들어/ 층간소음/ 난 세대를 넘나들어

– 에픽하이(EPIK HIGH), 〈부르즈 할리파〉 중에서, 8집 『신발장』, 2014.

[출처 : 한국방송광고진흥공사]

구분	의미	특이점
가)		
나)		
다)		
라)		

공통점	차이점

2. 깊이 들여다보기

랩은 음악 장르 중 하나로 자유분방함을 그 특징으로 한다. 랩의 자유로움은 랩이 지닌 직관적이고 직설적인 전달력에서 유래한다. 래퍼는 랩을 통해 하고 싶은 이야기를 우회하거나 우물쭈물하지 않고 직접적으로 표현하는데 이것이 랩 특유의 신선한 매력이자 힘으로 이해된다. 그래서 그런지 최근 랩이 우리 사회 문화 전방위에서 활용되고 있다. 랩은 때로는 광고가 되기도 하며 때로는 문학-시의 역할을 대신하기도 한다.

랩의 영역 확장은 랩의 특장점인 '직설적인 공격성'을 언어 아래에 숨기기 때문이다. 랩은 언어의 층위를 둘로 나눠 표면에는 일반적인 언어 규칙을 따르고 심층에 랩 특유의 야생성과 공격성을 그 언어 규칙 아래 감춰 둔다. 이와 같은 랩의 이중 언어 전략은 랩이 음악 외에도 활용될 수 있게 하는데 일조했으며 이로 인해 랩은 우리 사회 다양한 분

야에서 활용되고 있다.

다음의 글은 대중문화 그중에서도 하위문화에 속한 랩이 문화 전방위로 활약할 수 있는지를 생각해 볼 수 있게 한다. 글을 읽은 후에는 한 문장으로 글을 요약, 정리해 보자.

박규 박규 내 이름은 박규/ 밀양 박에 빛날 규 박규 박규/ 외자 외자 성은 박에 이름은 규/ 박규 박규 내 이름은 박규// … (중략) … 엄마 아빠 바꿔줘요/ 내 이름 좀 제발 바꿔줘요/ 박구도 괜찮고 병철이도 괜찮아요/ 욕같이만 안 들리면 진짜 괜찮겠어요

– 형돈이와 대준이, 〈박규〉 중에서

나의 살던 고향은 이제 재개발/ 꽃 피는 산골도 이제 재개발/ 깊은 산속 옹달샘 온천 재개발/ 앞으로x4 다 재개발 … (중략) …/ 텔레비전에 내가 나왔더니 지명수배자/ 어젯밤에 우리 아빠가 취하신 모습으로/ 한 손에는 물파스를 사가지고 오셨어요

– 형돈이와 대준이, 〈성인 명작 동요〉 중에서

■ 형돈이와 대준이의 갱스터 랩

위는 개그맨 정형돈과 하드코어 래퍼(였던) 데프콘이 결성한 '형돈이와 대준이'의 곡 가사이다. 개그맨 정형돈은 MBC 예능프로그램인 〈무한도전〉의 특집인 '가요제'에서 매우 개성`적인 음악스타일을 선보였다. 프로 가수처럼 빼어난 음색이나 음감을 지닌 것은 아니었지만 정형돈만의 음색, 음감을 보여주면서 지루하지 않은 신선한 음악을 선보였다. 정형돈은 우리나라 갱스터 랩을 열었다고 평가받는 데프콘과 한 팀을 이룬 '형돈이와 대준이'에서는 음악 프로듀서 및 작사를 전담하고 있다.

'형돈이와 대준이'는 우리 사회의 모순을 독특한 시각과 언어로 풀어낸 가사로 승부한다. '갱스터 랩'이라는 직설적인 음악 장르에 얹힌 그들의 노래는 직설적이다 못해 독설에 가까울 정도로 노골적이다. 다만 이들은 거대 담론에 주목하기보다 일상의 모순·부조리에 관심을 기울이고 이를 가사에 반영했다. 이들이 랩이라는 형식에 현실의 모순을 담아낼 수 있는 것은 랩 특유의 특징 때문이다.

■ 랩의 전략적인 허세, 스웨그

랩(rap)은 1970년대 후반부터 미국 할렘가를 중심으로 한 인디 흑인문화인 힙합(랩(rap), 그래피티(graffiti), 브레이크댄스(breakdance), 디제잉(DJing)) 중 음악을 통칭한다. 흑인들은 그들이 흑인이라는 이유로 주류사회로부터 배척당하고 차별받는 현실을 랩이라는 음악적 형식에 얹어 적극적으로 비판하며 저항했다. 래퍼는 흑인들을 차별하고 억압하는 대상을 정확하게 꼬집어 신랄하게 비판하는 가사를 감각적으로 직관적으로 표현했다. 이처럼 랩은 태생적으로 흑인들의 울분과 분노를 담아내고 있었다. 그리고 이 울분과 분노를 담은 랩은 형식적인 측면에서 패턴화되어 나타나고 있다. 패턴화된 랩은 보다 더 랩을 통해 전달하고자 한 메시지를 선명하게 부각하는 효과를 냈다.

랩의 패턴화된 형식은 선(先)과 후(後)로 나눌 수 있는데 본격적인 래핑을 하기 전인 전반부에서는 래퍼 자신의 현실적인 처지와 상황을 고백하는 방식으로 구성된다. 전반부는 자신이 누구인지, 어떤 현실적 맥락 위에 놓여 있는지를 점검하고 고백하는 내용과 자신의 가치는 현재적인 상황으로만 규정할 수 없는 긁지 않은 복권과 같다는 자기긍정의 내용으로 나뉜다. 자신의 현재를 점검하는 부분에서는 솔직하다 못해 자학으로까지 느껴질 정도의 내용으로 구성되지만 이어 등장하는 자신의 가능성을 드러내는 부분에서는 결코 지질해 보이는 오늘의 자신으로 자신을 속단하지 말라고 경고하는 내용으로 가득 차 있다. 자신의 가치는 현실의 잣대로 매기는 것이 아니라 자신 스스로 매기는 것이며 그 기준 역시 자신이 직접 만들어 가는 것이라고 주장한다.

이어 자신의 가치가 미래에 대한 포부, 자신에 대한 강한 확신 등으로 매겨진다고 포효한다. 이 자신만만한 자신감을 래퍼들은 그들 특유의 '스웨그(swag)'라고 부른다. 래퍼들은 세상을 두려워하지 않고 가진 자들 앞에서도 기죽지 않는 자신만의 개성, 스웨그, 소울(soul)이 있다고 강박적으로 긍정한다. 그렇지만 래퍼들이 기죽지 않고 자신의 몸집을 크게 부풀려 자신을 스스로 추켜세운다 해도 실제 자신들의 현실은 크게 달라지지 않기 때문에 이들은 후반부에 그들의 가능성을 꺾어 버리는 현실의 장벽과 장애를 신랄하게 비판한다.

이에 랩의 후반부에서는 현실 속 모순과 부조리를 고발하고 비판하는 형식으로 이루어진다. 이 현실은 래퍼 개인이 느끼는 매우 좁은 현실일 수도 있고 때로는 보편적인 사회 모순을 다루는 관념적인 현실일 수도 있다. 래퍼들은 우리 사회에 작동하는 정당치 못한 시스템을 꼬집으면서 이들이 자신을 비롯한 많은 이들의 미래를, 가능성을, 의지를 꺾어버리고 있다고 신랄하게 비판한다. 이때 래퍼는 비판의 대상이 되는 현실, 구조, 시스템 등을 향해 강도 높은 비난을 퍼붓는데 그 비난이 때로는 원색적인 욕설로 도배되기도 한다. 이 원색적인 욕설은 래퍼가 상식적인 사회 모순을 다룰 때는 선동적으로 다가오고 래퍼 자신의 한계를 다룰 때는 그를 향한 특별한 공감으로 이해된다. 이로 인해 랩을 한다는 것, 랩 음악을 듣는다는 것은 마치 속에 쌓인 울분을 분출하고 배출한 해방감과 자유를 맛보게 한다. 이 해방감과 자유는 바로 랩이 갖는 특유의 형식미에서 비롯된다.

■ 랩의 분절 미학과 언어유희

랩이 갖는 형식미가 한편에서는 시원시원하다고 하지만 일각에서는 비판도 같이 받는다. 랩을 향한 비판으로 래퍼의 책임지지 않는 일방적인 상대 비난과 특정인을 향한 원색적인 인신공격을 들 수 있다. 그리고 래퍼 자신이 구조적 모순에 의해 겪은 위로부터의 억울함과 차별에는 민감하면서 자신이 누군가를 차별하고 계급화하는 것에는 둔감해, 종내는 계급화된 서열을 고착화하는 것에 일조하는 문제점 역시 지니고 있다. 그래서 최근 랩은 랩의 태생적인 형식성에서 벗어나 랩 그 자체의 미학을 찾는 노력을 하고 있다. 일례로 가사 하나하나의 발음을 고려해 운율을 맞춘 라임(rhyme), 가사와 가사 사이의 연결음에서 새로운 사운드를 만들거나 그 사이에서 만들어진 중의적 의미를 찾고자 하는 펀치라인(punch-line)을 들 수 있다.

랩의 비트에 맞춰 속사포 같은 랩 속에 운율미를 맞추는 언어 실험은 물론 가사와 가사 사이를 이어주는 펀치라인은 랩만이 지닌 묘미이다. 뿐만 아니라 같은 랩이라고 해도 래퍼에 따라 랩 가사를 읽는(읊조리는) 습관과 그 방법을 달리해서 느껴지는 플로우(flow) 등은 분명 랩이 가진 새로운 미학적 측면이다. 랩의 언어 실험은 분명히 랩이 직면한 다양한 비판을 불식시키는 새로운 대안임에 틀림없다.

■ 랩의 가능성과 숙제

랩이 보다 더 정교해지고 세련된 언어를 사용하면서 랩이 저속한 언어만을 사용한다는 오명에서 벗어날 가능성이 열린 것은 사실이다. 그렇지만 랩의 언어가 정교해지면 정교해질수록 애초 랩이 가진 사회 비판적인 기능과 거리가 생기는 것도 사실이다. 랩은 현실 속 자아와 이상세계의 자아의 거리를 인식하면서 그 메울 수 없는 거리감이 우리 사회, 구조, 계급 등에 의해 발생했음을 일관되게 어쩌면 도식적이다시피 비판했다.

그런데 최근의 랩은 그 도식적인 비판을 거둔 채 래퍼 자신의 이상적인 자아를 현실적인 자아로 위장해서 젠 척하거나 말장난 같은 언어유희를 하는 것이 대세이다. 그러다 보니 이제 랩은 청소년을 교화하기 위한 각종 공익광고로, 래퍼는 청소년의 교육적인 롤 모델이 되기도 한다. 그래서 '형돈이와 대준이'의 심각하지 않은 때로는 장난 같은 랩이 훨씬 더 힘이 있다. '형돈이와 대준이'는 자신의 눈높이에서 보이는 우리 사회의 작은 이상 징후를 이상하다고 노래한다. 비록 정형돈이 전문 래퍼가 아니기에 귀에 착 붙는 플로우를 지니지 못해도 말이다. 그들의 랩이 전문 래퍼들의 세련된 비트 위에 식상하고 지루한 사회 모순을 노래한 '진정성 있는 랩'보다는 가벼워 보여도 결코 가볍게 느껴지지 않는 이유가 그것일 것이다.

– 권경미, 「거친 랩, 유치한 랩, 온순한 랩」, 2018.

주제	
한 문장 요약	

3. 함께 생각해 보기

MBC 라디오에서는 1990년 10월 1일부터 현재까지 '잠깐만~'이라는 55초짜리 공익 캠페인 방송을 하고 있다. 이 공익광고는 우리 사회 각계 인사들이 자신의 이름을 밝히고 소소한 일상에서 경험한 에피소드를 소개하고 그 에피소드를 통해 깨달은 생각들을 매우 친근한 방식으로 전달한다. 캠페인 발화자가 성우나 아나운서처럼 정확한 발성, 표준어를 구사하지는 않아도 대개의 발화자가 유명 인사이므로 그 사람의 인기, 유명세로 청취자는 귀를 기울이게 된다. 그러나 발화자가 아무리 유명하다고 해도 그 사람의 이야기에 공감하고 동의하기 위해서는 분명한 메시지와 그 메시지를 뒷받침할 맥락과 논리가 필요하다. 그렇다면 tvN 〈신서유기〉에서 이 MBC 라디오 '잠깐만'의 포맷을 어떻게 차용했는지 살펴보자.

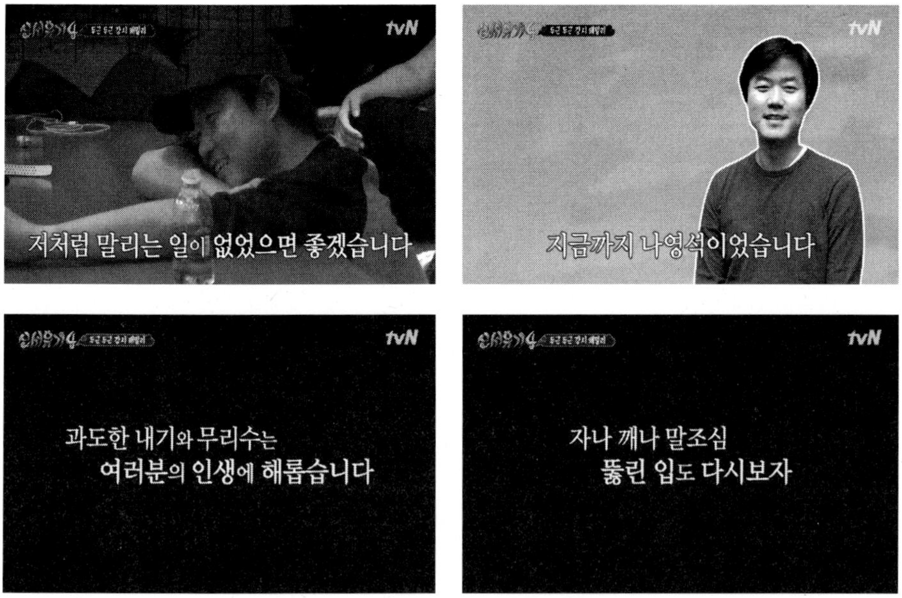

[출처 : tvN 〈신서유기〉 방송 화면]

전달 메시지	
상황과 맥락(논리)	
공감 여부와 그 이유	

4. 글 써 보기

내가 겪은 일이나 혹은 주변에서 목격한 눈에 띄는 사건, 현상들을 떠올려 보자. 그 사건, 그 현상이 바쁜 일상의 속도에서 잠시 멈춰 '잠깐' 생각해 볼 수 있지는 않을까. '잠깐만'의 형식에 맞춰 우리의 주변을 돌아볼 수 있는 캠페인을 만들어서 발표해 보도록 하자.

자기소개	
전달하고자 하는 메시지	
메시지와 관련한 에피소드	

제 1 장

문화와 예술

예술성, 대중성 그리고 상업성

1. 입장하기

다음은 우리 주변이나 대중문화 혹은 예술에서 볼 수 있는 해골의 형상이다. 각각의 이미지를 어디에서 확인할 수 있으며 해골의 이미지가 어떻게 활용되었으며 어떤 의미를 지니는지 친구들과 함께 이야기해 보자.

가)

나)

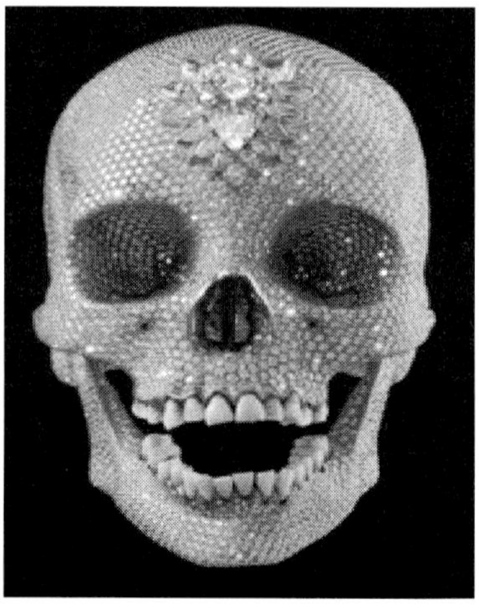

다)

라)

마)

바)

[출처 : google.com]

구분	이미지 출처	상징 및 의미
가)		
나)		
다)		
라)		
마)	클림트, 〈죽음과 삶〉, 1908~1916	
바)		

2. 깊이 들여다보기

죽음은 모든 살아있는 생물들이 두려워하는 공포이다. 죽음은 산 자가 경험할 수 없는 미지의 세계이다. 죽음은 곧 익숙한 삶, 일상에서 추방당하는 것이기에 죽음을 결코 희망이나 긍정으로 해석할 수 없다. 그런데 왜 그 불운과 불길함, 기피의 대상인 죽음을 직접적으로 상징하는 '해골'이 왜 대중문화 안에서, 예술 안에서 재해석되는가? 과연 예술과 대중문화에서도 해골은 여전히 불길한 죽음으로 해석되는 것일까? 다음 글은 예술과 대중문화가 어떻게 죽음으로 상징되는 '해골'을 수용했는지를 잘 보여준다.

■ 알렉산더 맥퀸의 스컬 스카프 '해골 패션'의 대중화 이끌어

'해골(skull)'하면 어떤 기분이 떠오르는가? 대부분은 죽음, 공포의 이미지를 떠올릴 것이다. 그렇다면 패션 매장에 진열된 해골 제품을 보면 어떤 생각이 드는지? 아마도 무섭다는 감정보다는 '멋지다', '쿨하다'라는 말이 더 먼저 나올 것이다.

사람이 죽고 난 후 썩고 남은 머리뼈, 죽음을 시각화한 음산하고 섬뜩한 분위기. 해골은 주로 무섭고 음울한 이미지가 연상되지만, 알고 보면 많은 사람들이 해골로 자신을 치장하는 걸 즐긴다. 타투를 하는 이들 중 상당수가 해골을 새기고, 럭셔리 브랜드들도 해골을 단골 소재로 활용한다. 무시무시한 해골은 어떻게 스타일 아이콘이 된 걸까?

해골은 1970년대 펑크록의 유행과 함께 뮤지션들이 애용하던 소재였다. 당시 음악 좀 한다는 청년들은 머리를 요란하게 기르고 해골 문양 티셔츠와 금속 액세서리로 반항심을 표현했다. 해골 패션은 '사람들에게 불쾌감을 주는 공격적이고 반항적인 패션'으로 정의되며 아웃사이더를 중심으로 인기를 끌었다.

일부 마니아들만 즐기던 해골 패션을 주류로 이끈 것은 영국의 천재 디자이너 알렉산더 맥퀸이다. 그는 줄곧 해골과 뼈, 죽음의 이미지를 디자인 모티브로 사용했다. 그의 손을 거쳐 해골은 화려하고 도발적인 패션 아이콘으로 재탄생했다.

2006년 맥퀸이 선보인 해골 문양 스카프는 해골 패션의 대중화를 이끈 결정적인 역할을 했다. 케이트 모스, 패리스 힐튼 등 할리우드 스타들이 즐겨 착용하면서 전 세계적으로 '해골 열풍'이 일었고, 급기야 뉴욕타임스는 '죽은 자의 전성시대'라는 제목으로 해골 패션을 조명했다. 이런 흐름은 국내에도 이어졌는데, 2010년에는 배우 김희선이 디자이너 앙드레김의 빈소에 맥퀸의 해골 문양 스카프를 두르고 등장해 논란을 일으키기도 했다.

지방시, 꼼데가르송, 크롬하츠 등도 해골 패션을 선보여 화제를 모았다. 독일 패션 브랜드 필립플레인은 아예 해골을 브랜드 심벌로 내세웠다. 이 브랜드는 의류와 가방, 신발, 주얼리 등 대부분 제품에 해골 문양을 사용한다. 심지어 매장 입구에는 스와로브스키 보석이 박힌 거대한 해골 조형물을 진열해 놨다. 드라마 〈별에서 온 그대〉에서 전지현이 메고 나왔던 해골 문양 토트백도 이 브랜드의 제품이다.

■ 해골, 죽음의 아이콘에서 스타일 아이콘으로 진화

예술가들에게도 해골은 창의적인 영감을 준다. 해골을 소재로 한 예술 작품 하나를 꼽으라면 단연 데미안 허스트의 〈사랑을 위하여(For the Love of God)〉를 들 수 있다. 실제 사람의 해골에 8601개의 다이아몬드를 빽빽이 박은 이 작품은 무려 900억 원이 넘는 가격에 거래됐다. 허스트는 "죽음을 두려워하기보다는 축하하는 작업으로, 두려움을 이기고 받아들이고 극복하고자 이 작품을 제작했다"고 밝혔다.

많은 예술 작품에서 해골은 죽음을 상징하는 표식으로 활용됐다. 중세 말에는 건축물의 벽화나 책의 삽화로 해골들이 춤추는 그림을 장식하는 게 유행했다. '죽음의 춤(danse macabre)'이라 불린 이 그림은 기독교적 세계관에서 중세 유럽인들의 죽음에 대한 불안과 두려움을 투영했다. 중세인들은 이를 통해 '메멘토 모리(Memento mori)', 즉 '죽음을 기억하라'는 메시지를 전했다.

바로크 시대에는 해골이 들어간 정물화가 융성했다. 이를 '바니타스

(Vanitas)'라 불렀는데, 바니타스는 라틴어로 허무함, 덧없음을 뜻한다. 30여 년 간 종교전쟁을 치른 당시 사람들은 죽음이 천국으로 가는 길이 아니라는 것을 깨닫고, 그 덧없음과 허무함을 해골로 표현했다.

해골이 대중에게 각인된 계기는 해적들이 사용하면서다. 18세기 초 해적들이 검은색 바탕에 흰색 해골을 중심으로 하단에 대퇴골 2개를 겹친 그림을 해적기로 사용하면서, 해골은 두려움과 공포의 의미를 더하게 됐다.

20세기 들어 해골은 문화 현상으로 활용되기 시작한다. 1970년대 영국의 젊은 노동자 계급을 중심으로 등장한 펑크족은 기성세대에 저항하고 사회 체제를 비판하는 의미로 해골을 사용했다. 금기와 죽음의 공포를 연상시키는 이미지가 자신들의 공격적인 성향에 부합했기 때문이다. 해골이 단순한 기호가 아닌, 하나의 패션으로 활용되기 시작한 것도 이때부터다. 21세기에 접어들면서 해골은 대중문화의 아이콘이자 스타일 아이콘으로 주목받게 된다.

■ 해골 패션, 마니아의 전유물에서 쿨한 럭셔리로… 그 자체의 조형미에 매력

오늘날 해골은 부정적인 이미지가 아닌 다양한 이미지로 활용된다. 영화 〈크리스마스의 악몽〉에서 해골은 산타클로스를 납치해 크리스마스의 주인이 되려는 악동으로 그려졌고, 〈인디아나 존스: 크리스탈 해골의 왕국〉에서 해골은 신비한 힘을 가진 성물로 등장했다. 그런가 하면 예능 프로그램 '무한도전'에서는 출연진이 엉뚱한 얘기를 하면 우스꽝스러운 해골 말풍선이 붙는다.

2006년 ≪뉴욕타임스≫도 이런 분위기를 짚었다. "사람들은 죽음을 상징하는 해골을 보고도 더는 무섭다고 느끼지 않는다. 오랫동안 록 그룹이 해골을 상징물로 써온 데다 해골이 나오는 잔인한 내용의 할리우드 영화가 쏟아져 나온 것도 해골을 친근하게 받아들인 요인이다."

그렇다면 패션에서 해골은 어떤 의미를 지닐까? 펑크와 함께 시작된 해골 패션은 초창기엔 저항의식의 상징으로 활용됐지만, 현재는 피상적으로 사용되는 경향이 짙다.

『지식인의 옷장』의 저자 임성민은 해골 패션이 예술 작품에서처럼 심오한 의미를 창출하지 않는다고 주장한다. 그는 "패션에서 해골은 스카프나 팔찌 같은 액세서리나 옷의 패턴으로 사용되지만, 이미지를 활용하는 데 집중할 뿐 모티브 자체에는 특별한 의미를 부여하지 않는다. 대중에 어필하는 주류 패션은 절대 무거운 의미를 담지 않는다"고 말했다.

실제로 패션에서 해골은 의미보다는 그 자체가 가진 조형미와 반항적 이미지에 주목하는 경향이 있다. 해골은 완벽한 대칭형 구조에 흑백의 대비로 조형적인 매력이 충분하다.

해골 패션은 펑크에 뿌리를 둔 만큼, 음악과 연관성이 깊다. 히피, 록, 펑크, 고스, 힙합에 이르기까지 해골은 다양한 음악을 넘나들며 환영받고 있다. 아이돌 그룹 빅뱅과 2ne1도 해골 문양을 즐겨 사용하는데, 빅뱅은 직접 해골을 소재로 한 휴대폰 케이스와 야구점퍼를 출시하기도 했다. 이처럼 해골은 대중음악과 함께 자유분방하고 젊은 이미지로 소비되고 있다.

– 김은영, "죽음의 아이콘 해골은 어떻게 스타일 아이콘이 됐나?",
≪조선비즈≫, 2018.08.13.

1) 위의 글을 통해 새롭게 접한 어휘나 표현이 있는가? 있다면 정리해 보자.

2) 위의 글에서 소개한 예술과 대중문화에서 사용된 해골 문양을 연대기 순으로 정리해 보자.

3) 대중문화와 예술에 등장하는 죽음, 해골이 어떻게 해석되고 활용되는가? 대중문화와 예술에서 해석한 죽음, 해골에 대해 어떻게 생각하는가? 친구들과 이야기해 보자.

3. 함께 생각해 보기

과거 예술은 대중문화에 대해 '고상함, 우월함, 유의미성'을 선점하고는 대중, 대중문화와 거리를 두었다. 물론 과거라고 해도 불과 수십 년 전에 불과한 가까운 과거이기는 하지만 말이다. 예술과 대중문화의 경계가 뚜렷한 그때의 예술과 대중문화는 각각 다른 가치를 지향했다. 예술이 소위 말하는 '예술성'을 지향했다면 대중문화는 '대중성'을 지향했다. 지금이야 예술과 대중문화 사이의 경계가 모호하기 때문에 예술성과 대중성으로 예술과 대중문화를 구분 짓는 것은 어렵다.

그 모호한 경계는 예술 분야라고 해서 다를 것이 없다. 제프 쿤스, 무라카미 다카시와 같은 세계적인 현대 예술가의 작업이 그러하다. 그들은 대중문화와 예술을 융합하는 작업을 한다. 그들의 작품은 예술로 호명되고 분류되지만 작품에 대중의 취향과 감각이 묻어난다. 왜 대중 · 대중문화와 거리두기를 하던 예술이 대중문화를 끌어안은 것인가? 예술가들이 불현듯 대중의 존재를 깨달은 것일까? 아니면 대중의 새삼스러운 발견과 상관없는 예술사의 변천사 안에서 이루어진 자연스러운 흐름인 것일까?

다음 글은 대중문화와의 거리가 모호한 현대 예술에서의 예술성과 대중성과 관련한 글이다. 다음의 글을 읽어 보자.

가)

포스트모던 조건에서 현대사의 거대 서사란 더 이상 신뢰할 만한 것이 아니라고들 한다. 예술의 진보에 관해서도 예외는 아니며 매우 이질적으로 전개되는 동시대미술 양상이 이런 견해를 뒷받침하는 듯하다. 그러나 앤디 워홀은 1975년에 이미 미래로 향해 난 또렷한 길 하나를 감지했다. 『앤디 워홀의 철학』에서 그는 "예술 이후의 단계는 비즈니스 예술"이라고 단언했다. 예술가의 목표는 "돈을 버는 것이 예술"이고 "괜찮은 비즈니스가 최상의 예술"이다. 여기에는 이제 비즈니스 모델에 근거한 예술 생산이 가능해졌으며 경제 질서에 대한 아방가르드의 모든 저항은 무모하고 구태의연한 것이 되어 버렸다는 의미가 담겨 있다. 그렇지만 적어도 전후 미술에 대한 하나의 서사 즉 미술이 패션, 미디어, 마케팅, 투자 영역과 점차 통합될 것이라는 이야기는 여전히 유효하다는 뜻이기도 하다. 여타의 판단 기준들이 광범위하게 기각되는 2000년대에는 확실히 예술적 가치가 명성의 획득이나 경제적 성공과 동일시되는 경우가 흔해졌다.

나)

2007년 소더비 경매에서 (제프 쿤스의) 「매달린 하트(마젠타/금색)(Handing Heart)」는 무려 2360만 달러에 낙찰됐다. 이런 작품이 후원자와 대중에게 그토록 매력적인 이유는 무엇일까? 노란색이나 오렌지색, 혹은 진홍색으로도 제작된 「풍선개」(1994-2000)를 보자. 작고 깨지기 쉽고 수명도 길지 않은 장난감이 고가의 비용을 들여 기념비적이고 단단하고 심지어 영원불변의 것으로 탈바꿈하여 들인 비용보다 훨씬 높은 가격에 거래되는 과정은 일종의 전율을 일으킨다. 한편 대중 취향에 영합하는 이미지와 배타적인 소유권이 결합된 양상도 매혹적이다. … (중략) … 그러나 비평가 피터 셴달은 이 "파노라마"라는 것이 "어마머마한 돈을 쏟아부으면서도 하층계급의 취향과 연대하는 제스처를 통해 오늘날의 금권 민주주의를 환기시키는 것"임을 정확히 지적했다. … (중략) …

무라카미는 일본 하위문화의 일종인 오타쿠와 가와이에서 영감을 얻어 자신의 브랜드 형상을 개발했다. 오타쿠는 흔히 망가나 아니메의 특정 캐릭터에 열중하는 성인 남성을 지칭한다. 그들은 액션 영웅과 자신을 동일시하는가 하며 순종적인 미소녀 캐릭터에 환상을 투사하기도 한다. 무라카미의 오타쿠 작품 중 초기에 제작된 「미스 코코(Miss Ko^2)」(1977)는 금발머리에 리본 장식을 한 소녀와 커다란 가슴에 딱 달라붙는 웨이트리스 복장을 한 포르노 스타가 조합된 캐릭터다.

다)

경영 관련 담론이 이런 식으로 예술가적 자질을 흡수하던 바로 그때 워홀을 무색하게 할 만큼 철저하게 비즈니스 모델을 수용한 미술가들도 있다. 데미언 허스트는 광적으로 여러 일을 멀티태스킹했다. 그는 출판사와 의류 사업, 식당을 직접 운영했을 뿐만 아니라 미술품과 희귀품을 수집한 자신의 컬렉션 '머더미(Murderme)'를 영국 서부의 조용한 시골 코츠월즈에 있는 빅토리아 고딕 양식의 대저택에 전시할 계획을 가지고 있었다. 또한 그는 제프 쿤스와 무라카미 다카시처럼 대규모로 조수를 고용했다. … (중략) … 미디어의 주목을 경제적 이득으로 전환시키면서 논란을 자초했던 허스트의 작품에도 이와 같은 어두운 면이 존재한다. 포름알데히드가 채워진 탱크에 그 유명한 상어를 띄우기 전부터, 그리고 유리 진열장 안에 소머리가 부패하도록 두기 전부터 그는 이미 "센세이션을 일으킨다는 것이 더 이상 센세이션하지 않으며" 무감각은 충격의 이면이고 죽음이 자신의 진정한 테마라는 사실을 인식했다.

그의 가장 중요한 작업은 2007년에 사람 두개골을 백금으로 본떠 1400만 파운드어치 다이아몬드로 장식한 작품이다. 이 해적의 전리품 겸 크라운 주얼을 바니타스나 메멘토 모리로 해석하는 이들도 있지만 그러기엔 너무 화려하고 너무 고가이다. 이 작품의 가치는 5000만 파운드로 매겨졌다. … (중략) … 벤야민은 1930년대 대공황기를 고찰하며 보헤미안 미술가의 반사회적 행위가 생각만큼 전복적인 것은 아니었을 거라고 추측했다. 그리고 당대 리얼리즘의 좌절과 초현실주의의 파산에 대해 다음과 같은 논평을 남겼다. "20세기 부르주아에게 남겨진 과제는 니힐리즘을 그들의 지배 기제로 포섭하는 일이었다." 이 니힐리즘을 시대에 맞게 갱신하고 심화시켜 반영한 것이 워홀의 계보를 잇는 쿤스, 무라카미, 허스트가 이룬 모호한 성과이다.

– 할 포스터, 배수희 외 옮김, 『1900년 이후의 미술사』, 세미콜론, 2016, 798~803쪽.

1) 가), 나), 다)에서 저자는 각각 어떤 이야기를 하는지 한 문장으로 요약, 정리해 보자.

가)	
나)	
다)	

2) 예술이 대중문화를 적극적으로 반영한 현상과 배경은 무엇인가? 저자의 견해에 대해 어떻게 생각하는지 친구와 이야기해 보자.

이제 예술과 대중문화의 경계를 논하는 것은 낡은 프레임이 되었다. 예술과 대중문화의 근거리는 한편에서는 대중문화 그 자체의 예술성을 적극적으로 발견하고 분석하는 움직임으로 나타난다. 또 다른 한편에서는 예술과 접목한 혹은 접목 가능한 대중문화의 특징을 분석하면서 특정 대중문화가 어떻게 예술(가)의 주목 대상이 되었는지, 왜 그 대중문화였는지를 분석하는 움직임을 통해 나타난다. 예술계에서 주목한 대중문화는 매우 다양하고 다채롭다. 애니메이션, K-Pop, 캐릭터 산업, 패션 등 분야며 범주며 제한이 없다.

그중에서 미국 팝 가수인 '레이디 가가(Lady Gaga)'는 대중들도, 예술계도 주목하는 단순한 뮤지션을 넘는 하나의 문화 현상으로 이해되고 있다. 다음의 두 글은 대중 가수인 레이디 가가에게서 발견할 수 있는 예술성을 예술적 관점과 과학적 관점에서 각각 분석하고 있는 문화 비평의 글이다. 다음을 읽고 대중에게 사랑받는 가수에게서 어떻게 예술적 미학성을 발견할 수 있는지 확인해 보자.

가) 대중문화의 포스트 아방가르디스트

■ 앤디 워홀 인용하는 화려한 보헤미안

'레이디 가가'가 누군가 했더니 언젠가 그래미상 시상식에 살코기 드레스를 입고 나타났던 그분이란다. 유튜브의 뮤직비디오가, 세상에, 무려 1억 뷰를 자랑한다. 페이스북 친구 1천만 명에 트위터 추종자가 500만 명이라고도 한다. 이처럼 세계적으로 유명한 분을 그동안 나 혼자 모르고 지냈다. 노래를 들어보니, 대부분 그쪽으로 담 쌓고 살았던 내 귀에도 익은 것들이다. 의아한 것은, 소문으로 듣던 그녀의 기행(?)에 비해 정작 음악은 너무나 평범하게 느껴진다는 점. 이 괴리를 어떻게 이해해야 할까?

이 별것 아닌 물음 안에 '레이디 가가'라는 현상의 본질이 들어 있지 않을까? 레이디 가가의 진면목을 보여주는 것은 역시 뮤직비디오다. 그녀가 대중문화에 도입한 혁신은 대부분 비주얼의 영역에 있기 때문이다. 첫눈에 들어온 것은, 그녀가 한때 고급예술에 속하던 전략을 대중문화로 끌어들이고 있다는 점이었다. 미술사를 좀 아는 이라면 그녀의 퍼포먼스가 현대미술, 특히 1960년대 이후 서구 미술사에서 인용한 시각적 요소로 가득 차 있음을 알 것이다.

음악은 그녀의 일부(물론 중요한 일부)일 것이다. 그녀는 자신을 '가수'라기보다는 '퍼포먼스 예술가'로 여긴다. 자신이 '총체예술'(Gesamtkunstwerk)을 지향한다고 말하기도 한다. 실제로 그녀의 퍼포먼스에서는 패션 · 음악 · 무용 · 연극 · 설치 등 다양한 장르가 하나가 된다. '레이디 가가'의 이미지를 구축하는 데는 각 장르의 전문가들이 참여하고, 그녀는 그 모두를 총괄하는 감독이 된다. 한마디로 대중음악을 아예 새로운 장르로 바꿔 놓은 셈이다.

그녀는 자신을 '패션의 아방가르드'라 부른다. 다른 영역에서도 즐겨 아방가르드의 제스처를 취한다. 파격적인 헤어스타일(리본 머리), 엽기적인 패션(생고기 드레스), 외설적인 무대의상(란제리 차림), 때로는 누구도 예상하지 못한 이벤트로 그녀는 대중에게 충격을 준다. 널리 알려진 것처럼 '충격'은 모더니즘, 혹은 아방가르드 예술의 전형적 책략이다. 그녀의 퍼포먼스가 대중에게 어떻게 받아들여지는지 어느 기사의 제목이 보여준다("레이디 가가, 알 속에서 등장.

'충격'").

정확히 말하면, 레이디 가가의 작업은 아방가르드가 아니라 '포스트 아방가르드'에 가깝다. 아방가르드 예술가들은 대중의 취향('키치')에 적대적이었다. 그들은 대중을 쇼크로 몰아넣고 그들의 격렬한 항의를 받아야 비로소 자기가 예술적으로 유의미한 진술을 했다고 느꼈다. 레이디 가가는 어떤가? 그녀의 도발은 외려 대중의 열렬한 환영을 받는다. 과거에 도발은 제도 '밖'의 위협이었으나, 오늘날 도발은 제도 '안'의 놀이가 되었다. 요즘엔 외려 지루한 대중이 예술가에게 자기를 도발해 달라고 요구한다.

이것이 1960년대 이후 미술계에 찾아온 포스트 아방가르드의 상황이다. 레이디 가가가 종종 앤디 워홀을 인용하는 것은 이 때문일 게다. 그녀의 앨범 〈더 페임〉은 "누구나 자신을 유명하게 느끼는 방법에 관한 것"이다. 이는 "오늘날 전국적으로 유명해지는 데는 20분밖에 안 걸린다"고 했던 워홀에게 바치는 오마주일 것이다. 아방가르디스트가 대중에게 이해받지 못하는 고독한 보헤미안이었다면, 워홀은 달랐다. 그는 자신을 '팝스타'로 여기며 외려 대중적 명성을 즐겼다.

가가는 자신의 작업팀을 즐겨 워홀의 '팩토리'에 비유한다. 워홀은 자신이 작품을 직접 만들지 않는 것을 자랑스러워 했다. 대량생산 시대에는 예술가와 예술 역시 공장(팩토리)에서 만들어져야 한다는 얘기다. 워홀의 비범함은 (그의 작품 속 수프 깡통들처럼) 스스로 남들과 구별되지 않는 평범함으로 내려가는 데서 나온다. 하지만 가가에게는 이 역설이 없다. 외려 그녀는 자신을 "결코 복제될 수 없이 독특한" 존재로 여긴다. 그녀의 자의식은 아방가르드와 포스트 아방가르드 사이에서 동요한다.

– 진중권, "진중권과 정재승의 크로스2 레이디 가가",
≪한겨레21≫, 2011.04.22.

나) 분자유전학 실험실에 등장한 레이디 가가

■ 전위적이지만 세련되게 일상을 부수는

재미있게도 내가 처음 레이디 가가를 알게 된 곳도 (엉뚱하게도!) 과학자의 실험실이었다. 한때 미국에서 함께 연구했던 동료를 찾아갔더니 그가 자신의 책상 앞에 '생고기를 몸에 붙인 엽기적인 여성'의 사진을 붙여 놓았다(하필 그 옆에는 미국 내 정신질환자 수에 대한 통계 그래프가 나란히 붙어 있었다).

"이 사람 누구야?"

"레이디 가가. 내 우상이야!"

"왜 이 사진을 붙여놓았는데?"

"이 가수는 '날마다 상식의 철창을 부수는 사람'이야."

내가 처음 레이디 가가라는 이름을 듣게 된 순간이었다. 파격적인 의상과 엽기적인 퍼포먼스, 그리고 세련된 음악으로 시대의 아이콘이 된 레이디 가가를 내가 주목하게 된 것이 그 직후다. 사진 속에서 그는 (전혀 섹시하지 않은) 민망한 표정으로 나를 보고 있었고, 나는 그가 참 '정신질환을 연구하는 분자생물학 실험실'과 잘 어울린다고 그때도 느꼈다.

레이디 가가는 이젠 대학 캠퍼스에 수업 과목으로도 입성했다. 미국 사우스캐롤라이나대학에는 레이디 가가의 삶과 작품활동, 인기 비결을 학문적으로 조명하는 사회학 강의가 있다. 그의 열혈팬으로 알려진 매슈 데프렘 교수가 '레이디 가가와 명성의 사회학'이란 강의명으로 수업을 개설했다. 1천만 명의 페이스북 프렌드와 600만 명의 트위터 폴로어를 가진 레이디 가가의 마케팅 전략, 신구 매체의 공헌, 행위예술을 방불케 하는 라이브 콘서트, 동성애 문화, 성과 섹슈얼리티, 뉴욕과 할리우드 등에 대해 사회학적인 탐구를 다룰 예정이라고 한다.

■ '비정상'을 대리만족하다

사람들은 왜 레이디 가가에 열광하는 걸까? 레이디 가가는 이 시대에 무엇을 상징하는 걸까? 개성 있는 의상과 엽기적인 퍼포먼스는 관객에게 '보는 즐거움'을 주지만, 무엇보다 그는 노래를 잘 만들고 가창력도 우수하다(듣는 즐거움도 준다는 얘기다!). 최근 빌보드를 석권하고 있는 여성 솔로 가수들이 대부분 실력과 외모를 겸비한 싱어송라이터지만, 탄탄한 일렉트로닉 비트와 팝적인 멜로디를 부합하는 능력이 뛰어난 레이디 가가는 그중에서도 각별하다.

… (중략) …

레이디 가가가 보이는 통쾌함은 평범한 일상을 살아가는 이들을 자극한다. 레이디 가가 사진을 붙여 놓았던 내 연구 동료는 연구실에 폭 박혀 있는 친구다. '교과서에서 방금 튀어나온 모범생', '극도로 비정상적인 정상인'이다. 날마다 타이를 매고, 정해진 시간에 출퇴근을 하며, 집과 실험실을 오가는 길에서 샛길로 빠질라치면 세상이 무너지는 줄 알고 안절부절못하는 이른바 '범생 아빠'다. 그 녀석에게 '술과 마약, 담배에 기대지 않으면 곡을 쓸 수 없다'고 토로한 레이디 가가의 삶이 얼마나 후련했을까? 그는 아마도 스스로는 전혀 '날마다 상식의 철창을 부수는 사람'이 못 되어, 레이디 가가에게 대리만족을 느끼고 있는지도 모르겠다.

그러나 불행하게도 최근 심리학자들의 연구 결과에 따르면, 책상에 붙여 놓은 레이디 가가의 사진은 신자유주의 시장에 내몰린 수많은 일상인들에게 '일시적 탈출구'는 될지언정 그들의 삶을 진정 바꾸지는 못할 것이라고 한다. 많은 사람들은 자신의 롤모델 사진을 책상 앞에 붙여 놓는다. 하지만 그런 행동이 사진 속 롤모델을 닮아가는 데는 오히려 도움이 되지 않는다는 게 연구 결과다.

… (중략) …

내 연구 동료에게 레이디 가가란 그런 존재가 아니었을까? 이 평범한 연구원은 날마다 상식의 철창을 부수고 싶지만, 정작 그러지 못해 레이디 가가가 대신 그 철장 앞에서 싸우는 모습을 지켜만 보며 열광하는지도……. 때론 과도하게 비난하고 때론 아방가르드적 퍼포먼스에 열광하면서, 그저 상식의 울타리 안에서 안전하게 그를 바라보면서 말이다.

어른이 된다는 것이 '상식이라는 안전한 울타리 안에 둥지를 튼다'는 의미라면, '무엇이든 의심하라'는 마르크스의 맥심(Maxim)을 실천해야 할 과학자는 항상 어린아이여야 한다. 주변 사람들과 세상에 비슷하게 반응하고 세상을 판단하는 정보 사전을 공유하는 것은 생존에는 유리한 전략일 것이다. 그러나 자연의 경이로움을 탐구해야 할 과학자들에게는 유리하지 않다.

상식이 뇌 안에서 고착화하지 않기를, 성장은 했으나 어린아이의 불온한 뇌를 가질 수 있기를, 과학자들은 꿈꾼다. 레이디 가가 같은 엽기적인 '상식 파괴적인 호기심'이 과학자에게 '자연에 대한 놀라운 통찰력'을 만들어낼 수 있기 때문이다. 나는 오늘 레이디 가가의 사진을 대뇌 한켠에 붙인다.

– 정재승, "진중권과 정재승의 크로스2 레이디 가가",
≪한겨레21≫, 2011.04.22.

1) 가)와 나)에서 주목한 레이디 가가의 특징은 무엇인가?

2) 우리에게 친숙한 대중가수나 대중문화를 심도 깊게 분석하고 의미화하는 것에 대해 어떻게 생각하는가? 왜 대중문화를 재미, 즐거움 외에 또 다른 의미 부여를 하려고 하는 걸까? 과연 우리가 향유하고 즐기는 대중문화가 특정한 예술적 맥락 안에서 특별한 의미로 해석되어야 할까? 친구들과 이야기해 보자.

4. 글 써 보기

내가 관심 가지고 즐기고 향유하는 대중문화나 특정 사람 혹은 예술이 있는가? 왜 나는 그 대상을 좋아하는가? 내가 좋아하는 이유를 '그냥!' 외에 표현해 낼 수 있는가? 내가 좋아하고 관심 있어 하는 대상을 표면적으로 알 수 있는 정보 · 의미로 설명하는 것은 우리에게 익숙한 글쓰기이다. 그 익숙한 방식에 더해 그 대상을 둘러싼 사회 · 문화적 맥락을 파헤쳐야만 발견할 수 있는 의의를 찾아보자. 표면적 의미와 사회 · 문화적 의의를 담은 '내가 관심을 갖는 문화 대상에 대한 문화 비평문'을 써 보자.

Tip

■ 문화 비평문

'문화 비평문'은 문화텍스트를 감상 · 이해한 후 해석하고 평가한 글이다. 문화텍스트의 종류로는 영화, 연극, 드라마, 스포츠, 대중가요, 신문, 방송, 라디오 프로그램, 만화, 컴퓨터 게임, 놀이 문화, 패션, 유행어, 오페라와 발레, 광고, 출판, 축제 등이 있으며 우리 시대의 문화 · 예술 전체가 문화 비평문의 대상이 될 수 있다. 문화 비평문을 쓸 때는 비평문이 '감상의 글'이 되는 것을 경계해야 한다. 감상문은 감상 대상에 대한 전반적인 소개와 대상에 대한 자신의 인상, 견해, 감정적 · 인지적 변화를 표현하는 것이라면 비평문은 비평 대상이 놓인 '특정한 이데올로기나 생활 방식, 문화 현상 등'을 주목해서 이를 드러내는 것이다. 비평문의 전제조건은 비평의 대상이 시 · 공간을 초월한 절대적 대상물로 여기지 않고 우리 시대를 관통하는 특정 이데올로기의 영향 하에 있다는 것을 인지하는 것이다. 그렇기 때문에 비평 대상을 분석하는 것은 곧 그 대상이 자리한 사회 · 문화적 맥락을 노출하는 것이다. 문화 비평문에는 비평의 대상을 선택한 동기, 대상에서 인상적이었던 부분, 비평의 시각, 대상이 지닌 의의와 한계 등을 밝히는 것이 좋다. 이 외에도 비평 대상과 관련한 일반적 견해나 관련 사조, 전체의 내용 등을 소개하는 것도 좋다. 아울러 좋은 비평문을 쓰기 위해서는 우리 시대를 읽어낼 수 있는 통찰력과 개성적인 시각이 필요하다.

제 2 장

젠더와 사랑

서로를 비추는 거울, 젠더

1. 입장하기

다음 그림 가)와 나)가 무엇을 표현한 것인지 각자의 생각을 한 줄로 적어 보자.

가)

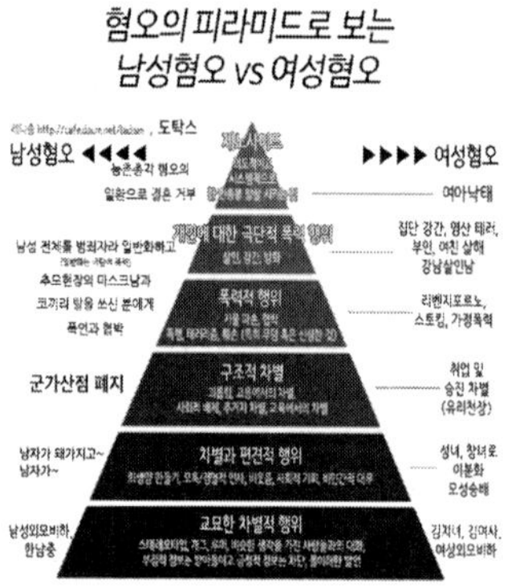

나)

[출처 : 네이버]

구분	표현 내용
가)	
나)	

각자가 알고 있거나 들어본 여성혐오 남성혐오, 성 소수자 혐오 단어에 대해 떠오르는 대로 다음 매트릭스에 넣어 보자(정중앙 묶음의 한가운데에 가장 먼저 떠오른 핵심어를 적어 넣는다. 그 핵심어 둘레 8칸에 연관 혹은 연상되는 키워드를 먼저 채운다. 이 1차 키워드를 주변 8개 묶음의 핵심어로 보낸다. 다시 그것과 연관 혹은 연상되는 2차 키워드를 채운다. 이렇게 키워드를 계속 확장시킨다.). 묶음 안에 있는 키워드 3~4개를 활용하여 1개의 문장을 만들어 보자.

구분	한 문장 만들기

2. 깊이 들여다보기

『화성에서 온 남자, 금성에서 온 여자』가 꾸준히 베스트셀러 목록에 오르며 언급되는 이유도, 남녀 차이를 모티브로 한 프로그램이 큰 반응을 얻은 것도 남자는 여자를, 여자는 남자를 다르다고 인식하기 때문일지도 모른다. 그렇지만 우리가 이렇게 당연시하는 문제는 이성에 대한 인식에서 우리에게 착각이나 편견을 일으킬 수 있다. 인류 역사 이래 주로 이원 '사회적 성' 체제에서 모든 사람들이 남성이나 여성으로 분류되어 있는 제도를 발전시켜 왔기 때문에 이러한 현상은 더욱 심화되고 있다. 또한 이러한 분류는 성소수자를 사회에서 배제하는 인식을 낳기도 했다.

현재 우리 사회는 '여성 혐오, 남성 혐오, 성 소수자 혐오' 등, 성에 대한 혐오 양상이 더욱 뚜렷한 대립으로 나타나고 있다. 이러한 맥락 속에는 서로에 대한 깊이 있는 탐구와 서로를 향한 연민의 정서가 필요하다는 점이 숨어 있다.

일반적으로, 젠더(Gender)는 남성성과 여성성의 사회적 의의를 뜻한다. 1955년 성과학자 존 머니의 '생물학적 성과 역할로서의 젠더'라는 표현에서 처음 구분되기 시작하였다. 1970년대까지는 널리 쓰이지 못했으나, 페미니즘 이론에서 생물학적 성과 사회적 구조체인 젠더의 구분을 받아들이면서 통용되기 시작하였다. 역할로서의 젠더, 혹은 사회적 구조체인 젠더라는 표현은 성 역할에 대한 인식의 변화에서 비롯되었다. 사회적 성 역할은 사람이 말 또는 행동을 통해 자신이 소년 또는 남자, 소녀 또는 여자의 지위를 가지고 있다는 것을 행동을 통해 드러낸다는 것을 의미한다. 성 또는 젠더에 따라 사회적으로 그에게 적합하다고 생각되는 일은 달라지기 때문이다. 사람의 '사회적 성'은 복잡 미묘한데, 외모, 복식, 음성, 움직이는 모습, 기타 생물학적 성별과 관련되지 않은 변수 등을 포함한다.

이와 같은 인식을 젠더 이분법이라 하는데, 이분법적 체계는 젠더별로 역할을 부여해서 여성에게는 여성성을, 남성에게는 남성성을 강요한다. 그리고 젠더 표현과 섹스 특징에 사회적인 제약을 부과하기도 한다. 이러한 분할 체계는 젠더에 기반을 두어서 구분 짓는 문화에서 발견할 수 있으며, 젠더 이분법적 문화의 예시는 화장실, 스포츠 팀, 학교 등에 다양하게 존재한다.

이를 극복하기 위해 나온 개념이 바로 젠더퀴어(Gender Queer)이다. 이 용어는 젠더를 남성과 여성 둘로만 분류하는 기존의 이분법적인 성별 구분을 벗어난 종류의 성 정체성을 가지는 것을 지칭하는 말로, 그러한 성 정체성을 가지고 있는 사람들을 가리킬 때에도 사용된다. 즉, 젠더를 말할 때 종종 배제되곤 하는 퀴어가 여기에 해당한다. 퀴어는 본래 '이상한, 색다른' 등을 나타내는 단어였지만, 현재는 성 소수자를 포괄하는 단어로 사용되고 있다.

다음 글을 읽고 물음에 답해 보자.

■ 남성성에 대한 생각들

여성에 대한 불평등 문제에 대한 인식에 눈을 뜨면서 여성학에 대한 논의는 지속적으로 이루어져 왔다. 하지만 남성에 대한 논의는 어떤가? "여자는 여자로 태어나는 것이 아니라 여자로 키워질 뿐이다."라는 시몬느 드 보부아르의 유명한 말을 굳이 인용하지 않더라도 남성 또한 남성으로 키워지는 것은 아닐까?

왜 남성은 여성보다 바느질에 서투르고, 여성은 남성만큼 자동차 수리에 능숙하지 못할까? 물론 간단한 답은 많은 여성과 남성이 성장기에 그렇게 행동하도록 학습되었다는 것이다. 그러나 무엇이 그들의 학습에 영향을 미쳤단 말인가? 여러 가지 이유로, 그들의 학습에 영향을 미친 것은 부모, 손위 형제, 가족의 친구들이다. 그림책에는 흔히 소년들은 차를 수리하고 있는 아버지를 지켜보고 소녀들은 어머니가 바느질하는 것을 지켜보는 장면이 나온다. 점진적으로 아동은 그런 기술들에 관심을 보이기 시작하고 부모의 격려와 안내를 받으면서 그 기술들을 학습하기 시작한다.

만약 소년이 어머니가 하는 바느질에 관심을 보이면 어떤 일이 생길까? 같은 종류의 과정이 발생할 수 있으나 여러 가지 다른 시나리오들도 또한 가능하다. 부모의 한쪽만 혹은 둘 모두가 "너는 그것을 배울 필요가 없다. 바느질은 소녀가 할 일이다."라고 말할 수 있다. 친구들은 '계집애'나 할 것 같은 바느질을 소년이 하는 것을 보고 그를 놀릴 것이다. 어머니는 아들이 바느질을 할 때는 격려하지 않을 것이며, 아들이 점진적으로 관심을 잃게 만든다. 가장 흔한 시나리오는 무엇보다도 그 소년이 관심을 갖지 않을 거라는 것이다. 왜냐하면 그 소년은 바느질을 여자들만 하는 일로 지각하기 때문이다.

어떤 연구 결과에 의하면 소년들이 이성의 행동을 보일 경우 소녀들에 비해 아동기 초기부터 더 호되게 처벌받는다고 한다. 소녀들은 지위의 상실을 두려워하지 않고 남자 친구들과 어울릴 수 있지만, 소녀들과 노는 소년들은 종종 남성 친구 집단으로부터 조롱당하거나 배척된다. 부모들은 사춘기가 될 때까지 사내 같은 여자 아이에 대해서는 걱정하지 않지만, 소년들이 여자 아이 같을 때는 유치원 연령 전부터 매우 걱정한다. '여성적인' 행동에 대한 처벌 때문에, 소년들은 여자다움과 여성을 경멸적으로 보기 시작한다.

성인 남성이 친구에게 "어제 우리가 다투어서 정말 속이 많이 상했어. 그래서 어제 한잠도 자지 못했지. 넌 정말 내게 화가 나지 않았다고 믿어?"라고 이야기한다면 어떤 반응을 얻겠는가? 앞의 대사는 확실히 '여성적'이며 이 같은 행동을 하는 남성은 다른 사람에 의해 종종 배척당하거나 공격받거나 혹은 무시당한다. 하지만 이러한 정형적 남성성의 정도는 나이와 타인과의 관계, 사회적 환경의 변화에 따라 개인 안에서도 다양해진다. 남성은 남성이기 이전에 인간이라는 사실을 우리는 종종 잊고 있는 것 같다.

사회적으로 성에 부여하는 역할은 빠르게 변화하고 있다. 무엇보다도 경제 여건의 변화와 이에 따른 정치적 환경의 변화는 사회적 성이 더 이상 과거의 내용을 담고 있을 수 없도록 하고 있다. 그럼에도 불구하고 성역할에 대한 이전 세계의 영향력은 여전히 남아 있고 이것은 특히 남성들에게 사실이다. 과거의 영향과 현재의 상황을 인식한다는 것은 중요하다. 우리는 이것을 인식하지 못한다면 성공적으로 새로운 환경에 적응하기 어렵다. 남성이 여성과 더불어 자신의 건강한 삶을 성취하려면 무엇보다 먼저 우리 안의 남성 자신에 대한 이해가 우선이다. 이 점은 짧지 않은 기간 동안 남성지배적 문화를 이어왔던 한국에서도 예외가 아니다.

남성은 성적으로 정형화된 사회 안에서 사회화되기 때문에 그들은 종종 성역할을 내면화하고 어느 정도 스스로 자신의 행동을 감독한다. 매우 많은 남성들은 남성의 성 정형성과 규준을 이상적 자기개념 안에 포함시키고 이런 기준에 맞게 살아가려 한다. 사람이 그런 표준을 무비판적으로 수용하면 남성 성역할 규준의 내용들은 남성이 자신의 가치를 판단하는 척도가 되어 버린다. 플랙(Pleck)이라는 학자는 그런 남성을 '남자다움의 포로'라고 기술하였는데, 이들은 자신의 행동을 억지로 남성 역할 규준에 맞추려 하고 그 과정에서 자신의 개별성을 잃는다.

여성학에 비해 인색한 영역이 남성성에 대한 연구이다. 남성학에 대한 적지 않은 혼란이 남아 있는 것이다. 킬리마틴(Kilmartin) 교수가 사람들에게 자신을 남성 문제 연구 전문 심리학자라로 소개할 때 사람들의 전형적인 반응은 다음과 같았다고 한다.

"왜 우리가 남자들의 문제를 살펴보아야 하나요? 남자들은 그들이 원하는 무엇이든 할 수 있는 모든 힘을 가지고 있잖아요."
"남자들은 강해진 여자를 다룰 수 없어 불평만 늘어놓는 신세가 되고 있군요."
"심리학자가 여성과 여성운동에 반대하다니 놀랍군요."
"남자들의 문제가 무엇이지요? 남자들이 어떤 문제를 가지고 있는지 모르겠군요."

이런 반응들은 남성과 여성 모두에게서 나타나며 성 인지적 관점에 기초한 남성학에 대한 오해와 편견을 드러낸다. 과연 '남성의 문제'란 무엇인가? 다음 사항에 대해 생각해 보자.

* 모든 남성은 어릴 때부터 자신들의 감정을 억제하도록 장려된다(Levant, 1998; Pollack, 1998). 정서 억제는 다양한 심리적, 신체적, 사회적 문제들을 낳는다.
* 다수의 남성은 관계를 맺을 때 친밀감을 형성하고 유지하는 데 어려움을 경험한다(Lynch & Kilmartin, 1990). 많은 전문가들은 친밀감을 기본적인 인간의 욕구라고 생각한다.
* 이혼과 별거에의 적응과 관련하여 남성은 여성에 비해 더 많은 심리적 어려움을 경험한다(Siegel & Kuykendall, 1990). 남성성에 대한 사회적 관념이 믿게 하는 것만큼 남성이 정서적으로 독립적인지 의심스럽다.
* 남성이 대부분의 폭력 행위를 저지른다(U.S. Department of Justice, 2004).

* 수감자(U.S. Department of Justice, 2004)와 노숙자(Gugliotta, 1994)의 대부분은 남성이다.

* 남성의 평균 수명은 여성의 평균 수명보다 짧다(Arias, 2005).

* 많은 남성들은 아버지에 대해 강한 실망의 감정을 가진 것 같다(Kupers, 1993).

* 일반적으로 남성은 타인과 관계 맺는 자질이 모자란다(Bergman, 1995).

이것은 남성 문제 목록의 일부분일 뿐이다.

— Christopher T. Kilmartin, 김지현 외 옮김, 『우리 안의 남성』, 학지사, 2009, 18~21쪽.

1) 위의 글에 나온 단어들 중 처음 알게 된 용어나 단어의 의미를 정확하게 파악해 보고 그것이 어떤 사회 문화적 배경에서 나온 것인지 서술해 보자.

단어	사회 문화적 배경

2) 위의 글에 제시된 '남성의 문제'라고 규정된 것들 중에서 가장 큰 편견을 심어줄 수 있는 것이 무엇인지 쓰고 그 이유를 작성해 보자.

3. 함께 생각해 보기

우리가 아무렇지 않게 보고 즐기는 매체에서는 우리를 무의식적으로 길들이는 내용이 다양한 방식으로 쏟아져 나온다. 우리가 일상생활에서 아무렇지도 않게 사용하는 언어에 많은 편견과 차별이 깃들어 있듯이 매체 역시 다르지 않다.

다음은 tvN에서 방영된 〈응답하라〉 시리즈에 나온 여성과 남성의 모습에 대해 서술한 글이다. 글을 읽은 후, 저자의 주장과 근거를 찾아 써 보자.

■ 응답하라, 누구의 딸일 수밖에 없는

'남편 찾기'는 추억 팔이와 함께 〈응답하라〉 시리즈가 쳐놓은 또 하나의 강력한 덫이다. 과거의 추억을 떠올리며 현재를 슬쩍 비추는 구성은 시청자의 궁금증을 자극한다. 〈응답하라 1997〉의 성시원(정은지 분)은 전교 1등 윤윤제(서인국 분)와 서울대생인 윤제의 형(송종호 분) 중 누구와 결혼했을까? 〈응답하라 1994〉의 성나정(고아라 분)은 의사(정우 분)와 프로야구 선수(유연석 분) 중 누구를 택했을까? 〈응답하라 1988〉의 성덕선(혜리 분)은 공부 잘하는 주인집 아들 김정환(류준열 분)과 바둑 천재 최택(박보검 분) 중 누구와 이루어졌을까? 그런데, 그 잘난 남자들은 왜 이 평범한 소녀를 사랑할까?

"과격한 말괄량이에 사회적 자아가 없고 모두에게 아이처럼 편하게 대하는 패밀리 걸", 〈응답하라〉 시리즈 세 여주인공의 공통점에 대한 안주연 정신건강의학과 전문의의 분석은 흥미롭다. 시원, 나정, 덕선은 모두 아이같이 솔직한 성격으로, 자신이 느끼는 대로 감정을 표현한다. 화가 나면 소리부터 지르고, 갑자기 느낀 사랑의 감정에는 어쩔 줄 몰라 당황한다. 그중에서도 특히 덕선은 분노, 서운함, 부끄러움 등 부정적인 감정을 다스릴 줄 모르고 고함과 주먹질로 표현한다. 자신을 좋아한다고 여겨 짝사랑했던 선우(고경표 분)가 언니 보라(류혜영 분)를 좋아하고 있었다는 사실을 알았을 때, 덕선의 반응은 자신의 착각을 받아들이는 것이 아니라 영문도 모르는 선우를 다그치고 울며 화를 내는 것이었다. 10대의 인간이 얼마나 비밀이 많으며 자기만의 세계를 공들여 만드는지, 가족과 친구와 그 밖의 타인마다 다른 얼굴을 보이는지, 이 시기를 지난 사람이라면 알고 있을 법한데도.

그러나 덕선은 바로 그러한 이유로 이웃 어른들에게 두루 사랑받는 '예비 며느릿감'이다. 집에서 거의 말을 하지 않아 어머니를 속상하게 할 만큼 무뚝뚝한 정환과 달리, 덕선은 정환의 아버지 성균(김성균 분)과 유행어 콤비를 이루고 별명을 부르며 인사할 만큼 사이가 좋다. 정환의 집에서 신세를 지게 되었을 때 불편해 하는 보라와 달리, 덕선은 마음껏 샤워를 할 수 있다며 기뻐한다. 덕선이 속한 친구 무리의 남자들은 모여서 야한 비디오를 볼지언정 덕선에겐 조금도 위협적이지 않은 순수한 친구로 그려지며, 덕선 또한 택의 방에서 잠들기도 하고 잠에서 깨었을 때 정환이 옆에 누워 있어도 놀라지 않을 만큼 무방비하다. 덕선의 서사는 오직 어린 시절부터 함께 자라온 남자들에게 사랑받으며 채워지고, 그의 삶은 주변 남자들에게 보호받을 때 가능하다. 그리고 이 드라마 속 덕선의 '성숙함'은 내성적이고 예민한 택이 경기를 치르는 중국에 따라가 밥과 옷, 잠자리를 돌봐주는 '내조'처럼 그려진다. 자신과 타인 사이의 명확한 선 없이 낯가리지 않으며 감정 노동을 꺼리지 않은 여성으로서의 미덕 말이다.

덕선과 결혼한 택이 그렇듯, 〈응답하라〉 시리즈의 남편감들은 사회적으로 미숙한 여주인공들의 부족한 부분을 완벽하게 채워준다. 그들은 공부를 남다르게 잘하거나, 예체능 분야에서 정상을 차지할 만큼 뛰어난 능력을 가졌고, 여주인공을 늘 지켜보며 필요한 것을 제공해 주려 노력한다. 그들은 말은 퉁명스러워도 좋아하는 상대 앞에서는 집중하며 다정하게 행동하고, 톱스타이지만 좋아하는 상대방 앞에서는 소탈한 모습을 보인다. 이것은 그 '남편감'들이 여주인공보다 정신적으로 성숙하기 때문에 가능한 일이다. 덕선이가 전교 999등이면서도 별다른 스트레스 없이 자신이 누구를, 또는 누가 자신을 좋아하는지에만 관심을 쏟는 반면, 남학생들은 이미 학교 폭력 또는 경쟁에 대한 스트레스 등 사회적 현실과 부딪힌다. 즉 〈응답하라〉 시리즈의 '남편 찾기'란 결과적으로 능력

좋고 성숙한 남자들이 '아무것도 모르는' 여주인공을 사랑하고 보호하는 것에 가깝다.

– 최지은, 『괜찮지 않습니다』, 엘에이치코리아, 2017, 91~94쪽.

구분	내용
주장(중심문장)	
근거(뒷받침문장) 1	
근거(뒷받침문장) 2	
근거(뒷받침문장) 3	

여성과 남성, 이 이분법적 체계 안에서 소외되는 또 다른 존재들이 있다. 바로 성 소수자들이다. 우리가 잘 아는 일곱 빛깔 무지개에서 남색이 빠진 '빨/주/노/초/파/보'로 구성된 여섯 빛깔 무지개는 성 소수자를 나타내는 대표적 상징 기호로, 현재 전 세계에서 가장 널리 사용하고 있다. 여섯 빛깔 무지개는 그 자체로 성 소수자(LGBT) 공동체의 역사와 자긍심, 다양성을 의미한다(LGBT는 성 소수자 공동체를 지칭하는 가치중립적 단어로, 여성 동성애자 L(Lesbian), 남성 동성애자 G(Gay), 양성애자 B(Bisexual), 성전환자 T(Transgender)를 뜻한다.).

최근 우리 사회에서는 성 소수자의 성 담론이 활발해 지고 있다. 특히, 2014년 6월 30일부터 12월 23일까지, 약 6개월간 20회로 방송된 팟캐스트 〈여섯 빛깔 무지개〉는 '한국에서 LGBT로 산다는 것'을 주제로 한 19편의 흥미로운 대화를 방송했는데, 많은 이들의 공감을 얻거나 반대를 사기도 했다.

다음 글을 읽어 보자.

가)

전 제가 레즈비언인 걸 한 번도 후회해 본 적이 없어요. 의심한 적도 없고. 너무나 당연하고 자연스러운 거였기 때문이죠. 레즈비언임을 공개하고 사는 게 행복하다 혹은 불행하다, 이렇게 논할 부분은 아닌 것 같아요. 그냥 사니까 사는 거고, 레즈비언성은 제 삶의 일부분이니까 별다를 게 없고, 레즈비언이라서 행복한 게 아니라 나를 감추지 않아서 행복해요. 저는 저를 숨기지 않아도 되고, 나를 믿고 지지해주는 친구들이 있는 게 행복합니다. 레즈비언이라서가 아니라 주변인들 덕분에 행복한 거죠.

– 예조 AKA 마야, 「투명인간의 삶을 거부한다」, 『여섯 빛깔 무지개』, 워크룸프레스, 2016, 203쪽.

나)

우리가 막연하게 부모님께 커밍아웃하는 걸 두려워하잖아요. 저희 부모님도 보수적인 분들이거든요. 제가 부모님을 그냥 단순하게만 바라봤던 것 같아요. 부모님들도 조금씩 변화를 하고 계신 분들인데, 그걸 모르고 닫아버리고 살았던 게 아닌가……. 의외로 어머니는 제가 게이라는 것을 쉽게 받아들이면서 저를 나무랐어요. "너는 대체 엄마를 어떻게 봤기에, 이렇게 현대적인 여성을 보수적인 사람으로 만드니?", 이런 식의 반응을 보여줬어요.

– 이혁상, 「작은 기적을 좇는 특별한 시선」, 『여섯 빛깔 무지개』, 워크룸프레스, 2016, 442쪽.

다)

누군가에게 평범한 롤 모델이 되고 싶어요. '연예인이나 영화감독, 디자이너가 아니라 당신 옆에 있는 누군가가 이렇게 살고 있다', '이런 삶의 방식도 있으니까 당신은 자신이 원하는 대로 살면 되고, 그에 따른 책임만 지면 된다', '당신의 방식에 뭐라 하는 사람은 아무도 없다' 이런 이야기를 전달하고 영감을 주는 삶을 살고 싶습니다.

– 유상근, 「이웃집 남자는 마성의 게이」, 『여섯 빛깔 무지개』, 워크룸프레스, 2016, 549쪽.

영화 〈다섯 개의 시선: 남자니까 아시잖아요〉에는 참으로 많은 차별적인 단어들이 나온다. 언어란 그 사회의 구조나 사유방식의 결과물이기에 때로는 그 사회가 구속하는 수없이 많은 고정관념과 편견을 낳는다. 따라서 이러한 고정관념에 대해 생각한다는 것은 기존의 편견과 통념, 이분법이나 위계구조에 도전한다는 적극적인 의미를 지닌다. 당연하고 보편적이라고 지칭되는 것을 다시 한번 고민해 보자.

■ 〈남자니까 아시잖아요〉 줄거리

'남자'라는 허위의식에 사로잡혀 있는 주인공 우식. 대학원까지 졸업한, '배울 만큼 배운' 우식이 포장마차 술자리에서 오래간만에 만난 친구들에게 보이는 언행은 일상에서 흔히 일어나는 차별의 압축판이라 할 수 있다. 성차별, 술집 종업원에게 함부로 대하기, 외국인 노동자 비하하기, 동성애 혐오, 외모차별, 고졸 친구 무시하기 등등. 친구들이 모두 진저리를 치며 하나 둘 그의 곁을 떠나 버리고, 혼자가 된 우식은 마지막 남은 술집 손님에게 "남자니까 아시지 않느냐?" 딱 한 잔만 같이 하자고 말을 건네 보는데……

4. 글 써 보기

우리 주변에서 발견한(영화 장면, 책에서 본 그림, TV 드라마나 CF의 한 장면, 소설 속 문구 등 상관없음) '성적 혐오'에 대한 사진을 찍은 후에 본인만의 관점이 드러나도록 포토 에세이를 작성해 보자.

Tip

■ 포토 에세이

한 컷의 사진을 찍고 그 사진에 대한 단상을 써 보는 것에서부터 시작해서 사진에 담긴 상황이나 느낌, 감정을 세밀화 그리듯 글로 그려보자. 디테일한 묘사는 글쓰기의 매력을 경험하는 시간이 될 것이다. 각자의 느낌과 생각을 펼쳐 보자. 감성도 좋고 정보도 괜찮다. 임팩트 있는 한 줄 제목을 단 다음에 뭉게뭉게 피어나는 감성 에세이를 써도 좋다. 잊지 말아야 할 것은 에세이가 우리의 삶을 의미화하는 작업이라는 점이다. 의미화하지 않은 삶은 반복되는 일상의 하나일 뿐이다. 생활의 의미화가 꼭 이루어지도록 써 보자.

- 제목을 단다.
- 본인만의 스타일을 만든다.
- 의미화를 한다.
- 각자의 해결방안을 제시해 본다.

■ 포토에세이 예시

국밥 한 그릇

새들도 잠들고 아직 별빛이 총총한 이른 새벽, 밀양 송전탑 건설을 반대해온 마을 할머니들이 산속의 움막 등 농성장 시설물 강제철거 행정대집행이 예고된 2일 127번 송전탑 건설부지 아래서 땔감을 피워 솥단지에 국을 끓였다. "오늘 큰일들이 있을 거야. 기운들 내라고 특별히 쇠고깃국을 끓였어" 하며 국밥 한 그릇을 건네준다. 가슴이 뭉클거려 밥숟가락을 겨우 입에 욱여넣고 빈 그릇을 넘겨드리자 "덜도 말고 더도 말고 있는 그대로 보도해줘요" 하고 말씀을 잇는다. 기사 마감 때문에 내려온 산길을 보고 또 뒤돌아본다. 그곳에서 팔순을 넘긴 나이에 움막을 짓고 단식을 하며 공권력과 삐뚤어진 보수언론과 맞서 싸우며 목에 쇠사슬을 두른 할머니들 모습에 눈시울이 뜨거워진다. 국가라는 권력은 과거에 그랬듯이 앞으로도 힘없는 서민들에게서 얼마나 많은 피눈물을 뽑아낼 것인가.

– "한겨레 오피니언 포토에세이", ≪한겨레신문≫, 2013.10.06.

제 2 장

젠더와 사랑

사랑에 대한 또 하나의 명제

1. 입장하기

인간은 근원적으로 외롭고 고독한 존재이기에 사랑 없이는 단 한순간도 살 수 없다. 사랑만으로는 살 수 없다고 부정해 보지만 사랑으로 귀결될 수밖에 없는 것이 삶이고 사랑이다. 사랑을 받고 싶은 욕망이 없는 사람이 과연 있을까? 소설 『자기 앞의 생』에서 사랑 없이도 살 수 있다고 말했던 할아버지가 세월이 지나도 첫사랑의 이름을 기억해 낸 것처럼 말이다. 그런 의미에서 사랑은 삶을 좌우하는 생의 밑거름이자 삶의 모든 것이다. 또 한 가지, 사랑은 2인칭도 3인칭도 아닌, 절대적으로 1인칭의 사건, 오직 나의 일, 내가 주인공인 사건이다. 나만이 내 심장 박동을 느낄 수 있듯이 오직 나의 사랑일 때 의미를 지닌다.

하지만 사랑이 사치로 느껴지는 서글픈 시대! 그럼에도 불구하고, 사랑이 답이다. 그런데 현실은 말처럼 아름답지 않다. 사랑은커녕 삶의 조건은 갈수록 팍팍하고 고단해져 가고만 있다. 치솟는 물가와 등록금, 취업난, 집값을 비롯한 사회 · 경제적 압박은 젊은이들로 하여금 스스로를 돌볼 여유조차 없게 만들어 버렸다. 연애, 결혼, 출산 세 가지를 포기했다는 의미의 삼포세대는 옛말이 되어버린 지 오래고, 집과 경력을 포기한 오포세대에 이어 희망과 인간관계마저 포기한 칠포세대라는 말이 그 자리를 대신하고 있다. 더 포기할 것이 남았나 싶은데 세상은 이제 'N포세대'라는 말로 젊은이들을 더욱 좌절시키고 있다. 사는 일이 이토록 버거우니 사랑하는 일은 더더욱 버거울 수밖에 없다. 한창 사랑하고 끝없이 행복해야 할, 인생에서 가장 아름답고 찬란할 시기에 사는 일을 걱정하고 내일을 고민해야 하는 세대에게 사랑이 사치로 느껴지는 것은 어찌 보면 당연한 일이다. 하지만 이런 시대일수록 사랑이 더 절실하게 필요한 것 아닐까? 사랑하는 일을 멈추지 않는 것이야말로 삶을 가장 의미 있게 만드는 일이 아닐까? 사랑, 어쩌면 그게 전부일 수도 있지 않을까?

당신은 분명 사랑을 해 봤거나 하고 있을 것이다. 사랑 속에 있기에 듣고 싶은 것, 보고 싶은 것, 배우고 싶은 것이 있을 것이고, 사랑 속에 있지 않더라도 사랑을 생각하면 떠오르는 두근거림이 있어 사랑이 궁금할 것이다. 왜 나는 너를 사랑하는가, 가 왜 너는 나를 사랑하는가, 가 되고 왜 너는 나를 사랑하지 않는가, 가 되는 그 모든 과정이 말이다.

다음은 성격 심리학자 로버트 스텐버그가 제시한 그림이다. 그는 사랑의 3요소로 친밀감, 열정, 책임감을 제시한다. 이것 이외에 사랑의 요소에 넣고 싶은 것이 있다면 이야기해 보자.

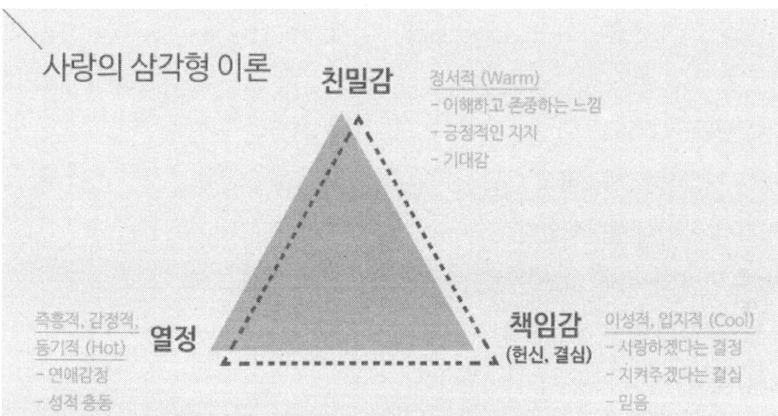

[출처 : 개념연구소]

다음 시를 읽은 후, '가난한 남자가 아름다운 여자를 사랑하게 되면/가난한 여자가 잘생긴 남자를 사랑하게 되면', 어떤 일이 발생할지 그 끝은 어떻게 될지 결말을 예측하여 간략하게 써 보자.

■ 나와 나타샤와 흰 당나귀

백석

가난한 내가
아름다운 나타샤를 사랑해서
오늘밤은 푹푹 눈이 나린다

나타샤를 사랑은 하고
눈은 푹푹 날리고
나는 혼자 쓸쓸히 앉어 소주(燒酒)를 마신다
소주(燒酒)를 마시며 생각한다
나타샤와 나는
눈이 푹푹 쌓이는 밤 흰 당나귀 타고
산골로 가자 출출이 우는 깊은 산골로 가 마가리에 살자

눈은 푹푹 나리고
나는 나타샤를 생각하고
나타샤가 아니 올 리 없다
언제 벌써 내 속에 고조곤히 와 이야기한다
산골로 가는 것은 세상한테 지는 것이 아니다
세상 같은 건 더러워 버리는 것이다

눈은 푹푹 나리고
아름다운 나타샤는 나를 사랑하고
어데서 흰 당나귀도 오늘밤이 좋아서 응앙응앙 울을 것이다.

2. 깊이 들여다보기

사람들은 본능적으로 사랑을 알기 때문에 가르칠 필요도 없고 배울 필요도 없다고 생각한다. 하지만 그렇지 않다. 사랑을 모르면 실패할 경우가 많다. 이렇게 행복한 고민을 털어 놓은 사람도 있다. "남자들이 하도 따라다녀서 이젠 너무 귀찮아." 누군가에게는 어려운 문제가 누군가에게는 식은 죽 먹기처럼 쉬울 수 있다. 이런 사람을 금수저를 물고 태어난 '블루 블러드(blue blood, 귀족혈통)'라며 전생에 나라를 구했다고도 한다. 하지만 금수저도 잘못 물면 목에 걸리는 법. 블루 블러드는 병이 나서 수혈이 필요해도 부를 사람이 없다.

사랑도 공부를 해야 하냐고? 물론이다. 사회심리학자이자 정신분석가인 에리히 프롬은 삶이 기술인 것처럼 사랑도 기술이라고 말했다. 그래서 사랑도 배워야 하고 고민해야 한다. 아는 만큼 보이게 된다는 원칙은 사랑에도 유효하기 때문이다. 특히 막다른 곳에 다다라 길을 잃었을 때는 더욱 필요하다. 태어날 때부터 손에 금수저를 쥐지 못했다고 해도 누구나 행복할 권리는 있으니까.

사랑은 누구에게나 저절로 생기는 것인가? 아니면 어렸을 때 말을 배우듯이, 그렇게 배워서 얻게 되는 것인가? 사랑도 능력인가? 그렇다면 사랑은 아무나 저절로 할 수 있는 것이 아니란 말인가? 사랑을 잘할 수 있고, 받을 수 있는 조건은 무엇인가? 어떤 성장과정이, 또 어떤 환경이 필요한가?

사랑의 기술은 인간이 가지고 태어나는 것이 아니라, 학습되는 것이다. 즉, 사랑의 기술이나 능력은 목공기술이나 기계기술처럼 경험과 연습을 통하여 배워지는 것으로, 개인차가 있을 수밖에 없다. 사랑의 기술이나 능력을 잘 습득하지 못한 사람은 사랑(특히, 이성 간의 사랑)을 제대로 할 수 없고, 특히 양질의 사랑을 받아보지 못한 경우에는 더욱 그렇다는 것이다.

사랑하는 능력은 사랑을 받은 체험을 통하여, 사랑하는 행동을 구사하는 모델에 대한 관찰을 통하여, 그리고 사랑을 주고받을 수 있는 성격적 성숙을 통하여 발달할 수 있는데, 이것을 심리학적 측면에서 보면 '학습'된다고 표현한다. 이는 결국 '배운다'는 뜻인데, 알고 보면 우리가 지식만 배우는 것이 아니라 사랑하는 것도, 언어나 습관과 마찬가지로 배워서 얻는 하나의 능력이라고 할 수 있다. 그러므로 각자가 추구하는 또는 각자가 하고 있는 사랑의 유형을 들춰보는 일은 자신과 좀 더 깊게 교감하기 위한 시도이자 상대방을 이해하기 위한 선행학습이라 할 수 있다.

캐나다 심리학자 존 앨런 리(John Alan Lee)는 세 개의 원색에서 여러 개의 색채조합이 이루어지듯이 사랑도 세 개의 원형이 있어서 여러 가지 조합이 이루어진다고 설명하였다. 사랑의 기본색 3가지(에로스, 스토르게, 루두스)로부터 이차원색 3가지(마니아, 프래그마, 아가페)가 혼합해서 나온다고 하였다. 이를 '사랑의 색채 이론'이라고 하는데, 여러분의 사랑은 어떤 색깔을 띠고 있을지 다음의 테스트를 해 보자.

	문항	점수		
1	나는 '첫눈에 반한다'는 것이 가능하다고 생각한다.	3	2	1
2	한참 지난 다음에야 비로소 내가 사랑하고 있었음을 알았다.	3	2	1
3	사람들 사이에 일이 잘 풀리지 않으면 나는 소화가 잘되지 않는다.	3	2	1
4	현실적인 관점에서, 나는 사랑을 고백하기 전에 먼저 나의 장래 목표부터 생각해 보아야 한다고 생각한다.	3	2	1
5	먼저 좋아하는 마음이 얼마 동안 있은 다음에 비로소 사랑이 생기게 된다.	3	2	1
6	애인에게 나의 태도를 다소 불확실하게 해두는 것이 언제나 좋다.	3	2	1
7	처음 키스를 하거나 볼을 비볐을 때, 나는 신체에 화학적 반응이 오는 것을 느꼈다.	3	2	1
8	전에 연애 상대였던 사람들 거의 모두와 나는 지금 좋은 관계를 유지하고 있다.	3	2	1
9	애인을 결정하기 전에 인생설계부터 잘 해두는 것이 좋다.	3	2	1
10	나는 연애에 실패한 후 너무나 우울해져 자살까지 생각해 본 적이 있다.	3	2	1
11	나는 사랑에 빠지면 하도 흥분이 되어 잠을 이루지 못하는 때가 있다.	3	2	1
12	애인이 어려운 처지에 빠지면 설사 그가 바보처럼 행동한다 하더라도 도와주려고 노력한다.	3	2	1

13	애인이 고통을 받게 하기보다는 차라리 내가 고통을 받는 것이 낫다.	3	2	1
14	연애하는 재미란 둘의 관계를 발전시키면서 동시에 내가 원하는 것을 얻어내는 것을 실험하는 데 있다.	3	2	1
15	사랑하는 애인이라면 나에 관해 모르는 것이 있다 할지라도 그것 때문에 속상해 하지는 않는다.	3	2	1
16	비슷한 배경과 처지를 가진 사람끼리 사랑하는 것이 가장 좋다.	3	2	1
17	나는 연애를 시작하기 전부터 나의 애인이 될 사람의 모습을 분명히 정해 놓고 있었다.	3	2	1
18	애인이 나에게 관심을 보이지 않으면 나는 온몸이 쑤시고 아프다.	3	2	1
19	애인이 행복하지 않으면 나도 결코 행복해질 수 없다.	3	2	1
20	제일 먼저 나의 주의를 끄는 것은 대체로 그 사람의 외모이다.	3	2	1
21	최상의 사랑은 오랜 기간의 우정으로부터 싹튼다.	3	2	1
22	나는 사랑에 빠지면 도무지 일에 집중하기가 힘들다.	3	2	1
23	그(그녀)의 손을 잡았을 때 나는 사랑의 가능성을 감지했다.	3	2	1
24	나는 어느 사람하고 헤어지고 나면 그의 좋은 점을 발견하려고 무척 애쓴다.	3	2	1
25	나는 애인이 다른 사람하고 같이 있는 것 같은 생각이 들면 도저히 견딜 수가 없다.	3	2	1
26	나는 두 애인이 서로 알지 못하도록 교묘하게 꾸민 적이 적어도 한 번은 있었다.	3	2	1
27	나는 매우 쉽고 빠르게 사랑했던 관계를 잊어버릴 수 있다.	3	2	1
28	애인을 결정할 때 한 가지 고려해야 할 점은 그가 우리 가정을 어떻게 생각하는가 하는 것이다.	3	2	1
29	사랑해서 가장 좋은 것은 둘이 함께 살며 가정을 꾸리고 아이들을 키우는 것이다.	3	2	1
30	애인이 원하는 것을 위해서라면 나는 기꺼이 내가 원하는 것을 희생할 수 있다.	3	2	1
31	배우자를 결정함에 있어 가장 먼저 고려해야 할 것은 그가 좋은 부모가 될 수 있는가 하는 점이다.	3	2	1

32	우리가 언제부터 서로 사랑하게 되었는지 정확히 알 수 없다.	3	2	1
33	나는 매력적인 사람들과 바람피우는 것을 좋아한다.	3	2	1
34	애인이 나와 다른 사람들 사이에 있었던 일을 알게 된다면 매우 화를 낼 것이다.	3	2	1
35	상대를 선택할 때 고려해야 할 점은 그가 자신의 직업을 어떻게 생각하는가 하는 것이다.	3	2	1
36	만약 나의 애인이 다른 사람의 아기를 갖고 있다면, 나는 그 아기를 내 자식처럼 키우고 사랑하며 보살펴 줄 것이다.	3	2	1
총점				

– 정종진, 『당신은 사랑을 아는가: 애정의 심리』, 양서원, 2004. 참조.

⇒ 채점 방법: 사랑의 유형에 따라 해당되는 문항은 다음과 같다. 각 문항에 응답한 숫자의 점수를 더하여 합계에 쓰면 각 사랑의 유형별 점수가 나온다. 각자 채점을 해 보라.

구분	번호	합계
동료적 사랑	2, 5, 8, 21, 29, 32	
낭만적 사랑	1, 7, 17, 20, 23, 33	
논리적 사랑	4, 9, 16, 28, 31, 35	
소유적 사랑	3, 10, 11, 18, 22, 25	
이타적 사랑	12, 13, 19, 24, 30, 36	
유희적 사랑	6, 14, 15, 26, 27, 34	

⇒ 결과 해석: 어떤 유형의 점수가 다른 유형의 점수보다 크면 클수록 그 유형의 특성을 강하게 지니고 있다고 할 수 있다. 어떤 사랑의 유형 점수가 가장 높게 나왔는가? 가장 낮게 나온 유형은 어느 것인가? 자신의 사랑이 두드러진 하나의 유형에 속하는지 아니면 여러 개의 유형이 넓게 퍼져 있는지의 여부도 확인해 보라. 어느 한 사랑의 유형에 꼭 들어맞는 사람은 드물다.

다음은 대만대학교에서 21년간 사랑을 강의한 쑨중싱의 글이다. 사랑 때문에 답답함을 느끼는 대학생들의 고민을 친절하게 상담해 주는 내용이 소개되어 있다.

■ **친절한 연애 공작소**

좋아하는 마음을 표현하는 것은 연애로 가는 문을 여는 첫 번째 열쇠다. 여기서 핵심은 과연 그 열쇠로 문을 열 수 있느냐다. 연애가 본격적으로 시작될 때까지 수많은 탐색과 눈치가 오고간다.

일본에서 큰 반향을 일으켰던 〈전차남(電車男)〉은 인터넷에 올라온 실화를 편집해서 출간한 책으로 큰 인기를 끌며 만화와 드라마, 영화로도 제작됐다. 어느 날 남자 주인공이 전철 안에서 난동을 부리는 취객으로부터 한 여성을 구해줬는데, 그녀를 보자마자 첫눈에 반해 버렸다. 그런데 남자 주인공은 연애 경험치가 0이라 어떻게 해야 할지 난감했고, 결국 인터넷에 질문을 올렸다.

"좋아하는 여성과 데이트를 하고 싶은데 어떻게 해야 할까요?"

그의 사연에 감동한 네티즌들은 연애 가이드로 나서 데이트 신청부터 복장, 장소, 대화 주제까지 세세한 조언을 아끼지 않았다. 결국 남자 주인공은 네티즌들의 도움으로 그녀의 마음을 얻고 아름다운 사랑의 결실을 맺는다.

이 이야기에는 매우 의미 있는 물음이 담겨 있다. 연애를 논하는 데 고정된 규칙이나 모델이 있을까? 다른 사람의 경험이 100% 완벽하게 자신에게도 적용될까?

그녀의 마음을 얻고 싶지만 어찌할 줄 몰라 하는 전차남에게 네티즌들은 마치 연애에 고정된 법칙이 있는 것처럼 다양한 방법과 이론을 소개하며 무조건 성공한다고 조언한다.

흔히 떠도는 연애의 성공 법칙은 무협소설에서 말하는 '강호 법칙'과 같아서 첫 만남에서 티셔츠에 트레이닝 바지를 입고 나오면 실패하고, 브랜드 청바지에 셔츠를 입으면 성공한다고 알려 준다.

또 첫 식사에서 저렴한 가정식 식당에 가면 실패하고, 고급 레스토랑에 가서

파스타와 같은 요리를 먹으면 상대방에게 좋은 인상을 남겨서 '완벽하게' 연애의 문을 열 수 있다고 말한다.

연애의 성공 법칙은 그럴듯하게 들리지만 영양가 있는 내용은 별로 없다. 모든 사람이 동의하고 모든 사람에게 균등하게 적용되는 법칙이 없기 때문이다. 일부 영역에는 사회규범과 같은 명확한 잠재 법칙이 있다. 같은 환경이나 단체의 구성원들은 말과 행동, 묵시적 동의를 통해 새로 온 사람들을 지도하면서 '공감대'를 형성한다.

하지만 연애에는 이와 비슷한 잠재 규칙이 없으며 어떻게 만남을 시작하고, 발전시키고, 포기해야 하는지에 관한 정답이 없다. 스스로 고민하고 방법을 찾아야 한다. 이때 주변 사람이나 전문가의 조언을 들으며 이성적이고 객관적인 관점에서 자신의 생각을 점검해 볼 필요가 있다.

– 쑨중싱, 권지은 옮김, 『사랑을 권함』, 예담아카이브, 2017, 79~81쪽.

3. 함께 생각해 보기

알랭 드 보통이 쓴 『낭만적 연애와 그 이후의 일상』은 우리가 연애하면서 겪는 사랑에 대한 진지한 탐색과 성찰이 돋보이는 책이다. 다음 글은 이 책에 대한 리뷰다.

■ **알랭 드 보통이 말하는 사랑이란**

1. 우리가 낭만이라고 보았던 것

> 여러 해가 지나고 또 여러 편의 사랑에 관한 에세이를 접한 후에야 라비는 몇몇 다른 결론에 도달하고, 한때 그가 낭만이라 보았던 것-무언의 직관, 순간적인 갈망, 영혼의 짝에 대한 믿음—이 두 사람의 관계를 어떻게 유지하는지를 배워가는 데 방해가 된다는 것을 알게 될 것이다. 사랑을 유발했던 신비한 열정으로부터 눈을 돌릴 때 사랑이 지속될 수 있음을, 유효한 관계를 위해서는 그 관계에 처음 빠져들게 한 감정들을 포기할 필요가 있다는 결론에 이를 것이다. 이제 그는 사랑은 열정이라기보다 기술이라는 사실을 배워야만 할 것이다.

이 책의 주인공 중동 출신의 남편 라비와 스코틀랜드 출신의 아내 커스틴은 살아온 환경도 다르고, 문화도 다르다. 그들이 낭만적 연애를 할 당시에는 몰랐던 차이점들이 하나둘씩 보이기 시작하면서 라비와 커스틴은 불안을 느끼게 된다. 낭만적 연애와 일상생활 사이 거리감이 상당하다는 것을 깨달았기 때문이다. 서로 간에 최대한 예의를 갖추고 지킬 건 지키고 지나치게 본능을 드러내지 않았던 낭만주의적 연애가 일상이 되면서 문제가 발생하기 시작한다. 결혼하고 수년이 지나서야 라비는 이런 낭만주의가 결혼생활을 유지하기 위해서 방해가 될 수 있다는 판단을 내린다. 그들의 관계를 지속시키기 위해 라비는 사랑이 열정보다 기술이 더 많이 필요하다고 깨닫는다. 사랑할 준비가 된 것이다.

2. 우리는 불완전한 존재

모든 분노를 받아줄 수 있는 사람은 한 명뿐이다. 그 사람 탓을 하는 건 당연히 부조리 중에서도 부조리다. 하지만 이렇게만 본다면 사랑의 작동 법칙을 잘못 이해한 셈이다. 우리는 정말로 책임이 있는 권력자에게 소리를 내지를 수가 없기에 우리가 비난해도 가장 너그럽게 보아주리라 확신하는 사람에게 화를 낸다.

저자의 말대로 우리는 모든 분노를 그대로 받아줄 수 있는 사람에게만 불만을 쏟아내는 경향이 있다. 다른 사람은 몰라도 그 사람만은 나의 불만과 불평을 고스란히 받아 주고 이해해 줄 수 있다고 믿기 때문이다. 갓난아기도 자신을 돌봐줄 사람이 없을 때는 떼를 쓰지 않는다. 같은 원리인 셈이다. 하지만 불평불만을 받아주는 입장으로는 '내가 잘못한 것도 아닌데 나한테 왜……'라고 당황하며 억울해할 수도 있다. 그럴 때 "서로의 불완전함을 수용할 때 삶은 이전보다 조금 더 완전해질 수 있다."라는 저자의 메시지를 떠올릴 필요가 있다.

그의 입에서 무슨 말이 튀어나오기도 전에 밀가루 봉지는 거실 맞은편으로 날아간 뒤 어찌나 세게 던졌는지 벽에 퍽하고 부딪쳐 하얀 구름을 일으키고, 식탁과 의자들 위로 가라앉을 때까지 놀랄 만큼 오랜 시간이 걸린다. … (중략) …
그녀가 2층으로 돌아간 뒤 라비는 빗자루와 쓰레받기를 들고 무릎을 꿇는다. 사방이 밀가루 천지다. 키친타월에 조심스럽게 물을 적셔 탁자 위와 의자들과 타일 틈새에서 그 많은 양을 훔쳐내다 보니 거의 한 롤이 다 들어간다. 그런 뒤에도 남아 있는 밀가루는 앞으로 몇 주 동안 눈에 띄면서 이 사건을 떠올리게 할 것이다. 그는 밀가루를 치우면서 한동안 하지 않았던 방식으로 기억을 불러낸다. 바로 이 여자와 결혼한 데에는 그럴 만한 이유가 있었다고 말이다.

3. 우리가 낭만주의를 넘어서기 위해서

낭만주의 결혼관은 '알맞은' 사람을 찾는 것이 중요하다고 강조한다. 이는 우리의 허다한 관심사와 가치관에 공감하는 사람을 찾는 것으로 인식된다. 장기적으로 그럴 수 있는 사람은 어디에도 없다. 우리는 너무 다양하고 특이하다. 영구적인 조화는 불가능하다. 우리에게 가장 적합한 파트너는 우연히 기적처럼 모든 취향이 같은 사람이 아니라, 지혜롭고 흔쾌하게 취향의 차이를 놓고 협의할 수 있는 사람이다.

저자는 이 책을 통해 낭만주의(평범한 남녀가 어쩌다가 만나서 달달한 연애를 하고 마침내 결혼이라는 결승점을 통과해 오랫동안 행복하게 살았다는 식의 이야기)를 뛰어넘으라고 주장한다. 또한 상대방의 허약함과 슬픔에 감응하고 자신의 부족함을 덜 부끄러워하게 되는 성숙한 사랑을 하라고 말한다. 성숙함에 이르는 길을 따라 걷다가 보면 두 사람은 불안, 배신, 토라짐, 갈등, 분노, 다툼, 비난 등을 겪을지도 모른다. 그런데도 저자는 우리 모두가 '낭만적 연애와 그 후의 일상'을 이어가기 위해 '일상의 철학자'가 되어야 할 필요가 있다고 강조한다.

– 이필립, 「알랭 드 보통이 말하는 사랑이란」, ≪허프포스트≫, 2017.03.03.

알랭 드 보통은 위에 제시된 책에서 사랑과 연애의 낭만주의를 뛰어넘으라고 주장한다. 사랑은 열정일까? 기술일까? 만약 사랑이 기술이라면, 사랑을 갈고닦을 최고의 기술은 무엇이라고 생각하는가? 각자의 생각을 친구와 공유해 보자.

4. 글 써 보기

『왜 나는 너를 사랑하는가』라는 책의 남자 주인공은 클로이와의 만남을 낭만적 운명론에, 두 사람의 사랑을 마르크스주의에, 어긋나기 시작함을 낭만적 테러리즘에, 그리고 사랑이 끝난 남자를 예수콤플렉스에 연결 짓는 독특함을 보여줬다. 또한 『어린 왕자』에서 생택쥐페리는 왕자와 여우의 대화를 통해 자신이 생각하는 사랑에 대한 깨달음과 성찰을 문학적으로 형상화했다. 이와 같이 여러분도 사랑에 관한 본인만의 철학을 개성적으로 표현해 볼 수 있을 것이다.

■ 최고의 사랑학 강사 '여우' 를 만나다

1. 사랑은 서로가 상대의 보이지 않는 것을 바라보려 노력하는 것

"그럼, 잘 있어." 그가 말했다.

"잘 가!" 여우가 말했다. "그럼 비밀을 가르쳐 줄게. 아주 간단한 거야. 오직 마음으로 보아야 잘 보인다는 거야. 가장 중요한 건 눈에 보이지 않아."

"가장 중요한 건 눈에 보이지 않아." 잘 기억해두기 위해서 어린 왕자가 되뇌었다.

"네 장미꽃이 그토록 소중하게 된 것은 네가 네 장미꽃을 위해서 소비한 시간 때문이야."

"내가 내 장미꽃을 위해서 소비한 시간 때문이야……" 잘 기억해 두기 위해서 어린 왕자가 되뇌었다.

"오직 마음으로 보아야 잘 보인다는 거야. 가장 중요한 건 눈에 보이지 않아."

2.

"별들이 아름다운 건, 눈에 보이지 않는 한 송이 꽃 때문이야……"

나는 "그래" 하고 대답했다. 그리고 말없이 달빛을 받아 주름진 모래언덕을 바라보았다.

"사막은 아름다워……" 어린 왕자가 말을 이었다.

정말 그랬다. 나는 언제나 사막을 좋아했다. 모래언덕에 앉아 있으면 아무것도 보이지 않고 아무 소리도 들리지 않는다. 그리고 무엇인가 침묵 속에서 빛을 발한다.

"사막이 아름다운 건 어딘가에 샘을 감추고 있기 때문이야……" 어린 왕자가 말했다.

1) 위의 글을 읽고 2의 빈칸에 들어갈 소제목을 개성적으로 달아 보자.

2) 위에 나온 사랑에 관한 깨달음을 바탕으로 패러디하는 문장을 써 보자.

너는 내가 버리지 못한 유일한 문장이다.

너는 내가 살 수밖에 없는 유일한 제목이다.

나는 너를 마시멜로 해.

자세히 보아야 예쁘다. 오래 보아야 사랑스럽다. 너도 그렇다.

3) 사랑에 관한 책(소설, 시, 에세이 등)을 읽은 후 서평을 써 보자.

Tip

■ 서평

서평은 책을 읽고 난 후에 그 내용과 의미를 분석하고 그 가치와 의의를 비평하는 글이다. 책의 내용을 단순히 요약하는 요약문이나 책을 읽은 후의 주관적인 느낌을 정리한 독후감과는 달리, 서평은 책에 대한 객관적이고 정확한 해석과 필자의 평가와 진단이 주가 되는 글이다.

– 이화여자대학교 출판부, 『우리말과 글쓰기』, 2016, 321쪽 참조.

서평 쓰는 법을 학교에서 가르치지 않는 것은 원래 서평이란 게 자기 느낌을 자유롭게 쓰는 것이며, 정해진 틀 같은 게 없기 때문이었다. 그렇다 하더라도 이것만은 하지 말아야 한다는 원칙은 필요한데, 다음은 서평가가 합의한(?) 서평의 금기사항(유의사항)이다.

첫째, 텍스트를 꼼꼼하게 읽어라.
둘째, 자기 주장과 책 인용은 확실히 구별하자.
셋째, 모르는 얘기는 쓰지 말자.
넷째, 글의 구조를 견고하게 만들어라.
다섯째, 객관적으로 감상하고 사회문화적인 맥락에서 공론화하는 작업을 해라.

– 서민, 『서민적 글쓰기』, 생각정원, 2015, 214~217쪽 참조.

제 3 장

갈등과 공존

이방인과 공존

1. 입장하기

단톡방에서 삼총사들의 수다가 한창이다. 그런데 난데없이 대화명 '알수없음'이 단톡방에 들어오면서 이들의 수다는 일시에 중단되었다. 모르는 사람이 들어와서 자신의 말을 반복하니 당황한 것이다. 뜻 모를 말만 반복하는 '알수없음'의 등장으로 분위기는 순간 '싸~아'해졌다. 이 사람이 어떻게 여기에 들어왔으며, 왜 같은 말을 반복하는지 그야말로 알 수 없는 상황이 전개된 것이다.

가)

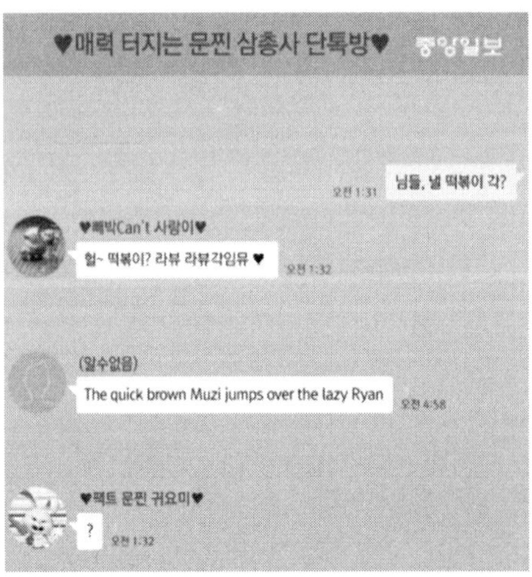

나)

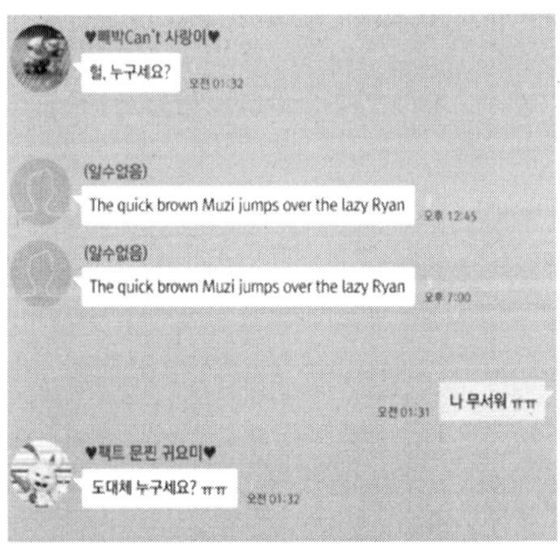

만일 '나'라면 뭐라고 할까?

1) 평소의 여러분이라면 이러한 상황에서 대화명 '알수없음'에게 어떻게 반응할지 생각해 보자.

2) 어떤 '심리'에서 이렇게 말하게 되었는지 이유를 생각해 보자.

2. 깊이 들여다보기

글로벌사회에서 이방인의 등장은 피할 수 없다. 탈북자, 정치적 난민, 불법체류자, 결혼이민자, 여행자, 유학생 등 다양한 이유로 이루 헤아릴 수 없을 만큼 수많은 낯선 자들이 우리 삶 깊숙이 들어오고 있다.

정부도 상황의 심각성을 인지하고, 초등학교 교과과정에서 민족주의를 포기하고 다문화주의를 선언한 지도 꽤 오랜 시간이 지났다. 텔레비전 프로그램에서도 다문화주의는 이제 당연한 것으로 이해되고 있다.

그럼에도 불구하고 실제 생활에서 '우리/이방인'을 '우월/열등'의 이분법으로 나누는 폐단은 쉽게 없어지지 않고 있다. 조선족의 경우, 재일교포, 재미교포와 마찬가지로 재중교포로 불리지 않고, '조선족'이라는 비하 섞인 표현으로 부르면서 '우리' 의 내부로 받아들이기를 꺼려하고 있다.

이제 영화에서는 아예 이들을 범죄자의 전형으로 캐릭터화 하고 있다. 〈황해〉, 〈신세계〉, 〈차이나타운〉, 〈청년경찰〉, 〈범죄도시〉, 〈악녀〉 등에서 중국동포가 한국사회와 조화를 이루려는 노력을 이유 없이 매도하고 있다.

탈북민에 대한 배제도 심각하다. 〈국경의 남쪽〉, 〈무산일기〉, 〈무적자〉, 〈겨울나비〉, 〈두만강〉 등 영화에서 탈북민들은 주로 무기력, 폭력과 무지, 전쟁과 헤어짐 등 지나치게 비참한 모습만 부각한다. 이로 인해 탈북자들은 천신만고 끝에 남한으로 들어왔지만 남한사회의 편견으로 인해 모든 면에서 정착에 어려움을 겪고 있다.

그러나 이는 사회통합을 위협하고 갈등만 유발할 뿐이다. 글로벌사회는 자유롭게 경계를 넘어 다니는 유동성의 사회다. 우리 주변의 낯선 자를 이방인으로 배제하는 것은 글로벌사회의 시대정신에 맞지 않다. 낯선 자를 이방인으로 생각하게 되면, 우리가 함께 살아가는 도시는 위험한 곳이 될 수밖에 없다.

가)

서구의 사유는 일찍이 선(The God, 善)을 자신의 정체성과 같은 것으로 여겼으며, 악의 경험은 '나'와 관계 없는 외부인과 연결시켰다. 그리하여 타자성은 영혼의 순수함과 단일성을 오염시키는 이질성(낯섦)과 동일하게 여겨져 왔다. … (중략) …

낯선 자에 대한 편견은 오늘날에도 여전히 사라지지 않고 있다. 우리는 친숙하지 않은 것을 '악한 것'으로 저주하면서 우리의 편집증을 부추기는 사례들을 대중매체에서 얼마든지 볼 수 있다. 그것은 우리로 하여금 타자는 적으로, 이방인은 희생양으로, 반대하는 자는 악마로 여기도록 부추긴다.

이처럼 낯선 자를 우리의 집단 정체성을 위협하는 악마로 만드는 경향은 쳐들어오는 적들을 다루는 히스테리컬한 이야기들에서 주변에서 쉽게 찾아볼 수 있다. 유대인 학살과 아우슈비츠, 구소련에서의 숙청과 강제노동수용소, 쿠바에 대한 통상 제재와 캄보디아에 의한 폭탄 투하, 쌍둥이빌딩과 아프가니스탄 등등 그 리스트는 끝이 없다.

대부분의 국가가 자신의 적들을 마치 병균 취급하듯 말하며, 이 '외계 바이러스'로부터 자신의 정체(body politic)를 보호하고자 노력한다. 위협적인 아웃사이더와 맞서는 데 있어서 최선의 방어는 공격이다. 그래서 우리 사회는 그들 이방인에 끊임없이 맞서고 대항하면서 우리의 정체성을 선(善)한 것으로 포장한다. 내국인을 보호하고 외계인들을 내치면서 그 경계를 유지하는 전략이다. … (중략) …

침략자들로부터 국가의 안위를 보호하기 위해, 국가를 빙 둘러싸고 병균의 침투를 막기 위한 방역선이 그려진다. 알라모의 모래 위, 혹은 리오그란데 강을 따라 그어진 선처럼, 혹은 베트남 한국 레바논 아일랜드를 남과 북으로 가르는 다른 경계선들처럼. … (중략) …

그러나 괴물이라 불리는 이방인들은 우리가 생각지도 못했던 새로운 가능성을 보여 준다. 괴물들은 우리가 갈 수 없는 곳을 갈 수 있는 경계선적 창조물이기 때문이다. 그들은 우리 삶에 불쑥 들어왔던 것처럼, 우리의 결코 넘을 수 없다고 믿었던 경계를 무시하며 쉽게 넘어간다. 그들은 미지의 공간을 허가증도 없이 마음껏 여행한다.

선과 악, 인간과 비인간, 자연과 문명을 나누는 관습적인 경계를 간단히 위반하면서, 괴물이라 불리는 이방인들은 우리 안의 지옥을 끄집어 내고, 우리가 누구인지 우리는 알지 못하는 곳, 그들은 우리가 한 번도 가보지 않은 땅으로 데려가 공포에 떨게 만든다.

– 리처드 커니, 이지영 옮김, 『이방인, 신, 괴물』, 개마고원, 2004, 117~212쪽.

나)

손님은 한 집단이 공유하는 생각을 당연하게 여기지 않는 자다. 손님은 "당신 누구야?"하고 질문을 받는 자가 아니라, 오히려 토박이들에게 "당신들은 누구인가?"를 묻는 자다. 그러니 우리는 손님이 와야, 비로소 그때 "우리가 누구였던가?"를 생각하는 기회를 얻는다.

그래서 손님은 한 집단의 내부를 새로 돌아보게 만드는 존재다. 영화 〈도그빌〉에서 로키산맥에 위치한 작은 마을에서 외부와 차단당한 채 소박하게 살아가는 사람들은 오만과 겸손, 가난과 행복을 구분하지 못한다. 자신들이 얼마나 오만하고 추악한가를 알려준 것은 외부에서 들어온 그레이스다. 그레이스는 마을 사람들의 선량함 이면에 감추어진 위선과 탐욕을 꺼내어 보여주는 자다. 그레이스가 아니었다면, 마을 사람들은 자신들의 삶이 얼마나 위선적이며 황폐화되었는가를 돌아보지 못했을 것이다.

모든 것이 친숙한 사이에서는 자기의 현재가 어떤지 물을 수 있는 사유의 능력이 스스로에게 없다. 명령이 일사분란하게 전달되고, 하나의 체제로 매끈하게 잘 통합된 사회는 자기 내부에 비정상성이 있을 것이라고 생각하기 힘들기 때문이다.

이 점에서 보면 이방인은 안과 밖의 위치 개념도, 사회적인 범주도 아닌, 실존적 범주이다. 내가 누구인가를 의심하게 하는 자, 나의 외부에 있는 또 다른 나의 내부를 보여 주는 자, 이것이 낯선 자, 이방인의 존재 가치다.

– 권유리야, 「말을 잠재운 곳에 손님이 온다」,
《웹진 문화 多》, 2016.08.10.

1) 위의 글을 읽고 이방인을 두렵게 생각하는 이유는 무엇인지 각각 가)와 나)에서 찾아 정리해 보자.

2) 가)와 나)처럼 '낯선 자(것)'로 취급되는 경우를 다룬 영화, 사건, 존재 등을 검색하여 왜 낯설게 느껴지는지 간단하게 이유를 설명해 보자.

3. 함께 생각해 보기

이방인, 즉 낯설고 이질적인 존재는 일차적으로 대상을 알지 못하는 데서 나오는 감정이다. 대상의 정체를 모르기 때문에 두려운 것이다. 정체를 모르기 때문에 이들에 대해 공포를 느끼는 것이다.

그러나 반드시 그런 것만은 아니다. 잘 아는 관계에서도 상대를 이방인으로 전락시킬 수 있다. 이는 이방인에게서 자신이 감추고 싶은 모습을 발견하기 때문이다.

또한 나누어 주지 않으려는 욕심 때문이기도 하다. 자신의 이익, 자신의 안락함을 홀로 누리고 싶은 배려 없는 마음이 대상을 추악한 존재로 규정하고, 그를 우리의 울타리 밖으로 내몰면서 이방인의 낙인을 찍는 것이다.

이렇게 이방인은 본래 존재하는 것이 아니라, 우리가 그렇게 생각하려는 우리의 마음에서 등장하는 것이다.

아래 사진들은 우리 사회가 낯설게 느끼는 대상들이다. 이 중 2개를 선택하여 이들이 왜 낯선 존재가 되었는지 옆의 친구와 이야기를 나누어 보자.

탈북자

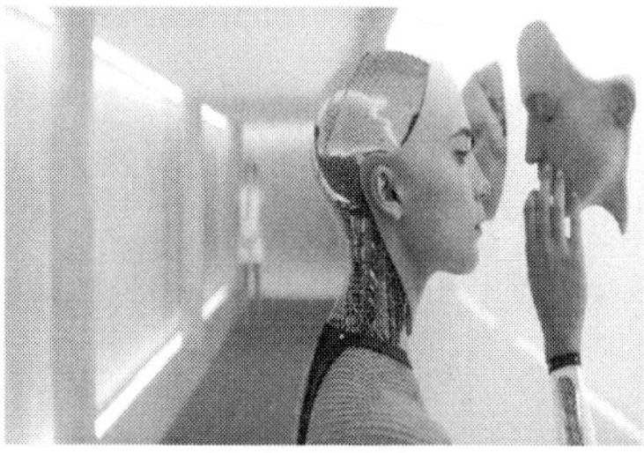

포스트휴먼

유기동물

성소수자

난민이나 탈북민을 수용하는 문제와 관련하여 국민 여론이 찬반으로 팽팽하게 갈리고 있다. 이와 관련하여 서로 입장이 다른 두 개의 언론보도를 검색하여 각각의 주장과 근거를 요약해 보자.

언론 보도 요약 (찬성 입장)
주장
근거

언론 보도 요약 (반대 입장)
주장
근거

4. 글 써 보기

아래의 광고들은 이방인 수용의 문제와 관련된 메시지를 담고 있다. 이와 관련하여 아래의 광고들에 문제점이 있다고 여겨지면, 이를 지적하는 대자보를 적어 보자. 만일 없다고 느낀다면, 광고의 주제를 살린 대자보를 써 보자.

가)

언제나 남을 먼저 생각하는 착한 상희 씨도, 항상 남 돕기를 좋아하는 착한 준영이도, 늘 남을 위해 앞장서는 착한 현숙 씨도, 북한이탈주민 모두가 우리의 착한 이웃입니다.

– "북한이탈주민, 우리의 착한 이웃입니다", 남북하나재단, 2014.12.10.

나)

"틀린 것 열 번씩 연습하기."

아직 우리글이 서툰 준호 엄마를 위해 날마다 알림장을 읽어 주신다는 민지 씨.

어머니. 당신의 사랑이 있어 준호도 대한민국의 꿈나무로 자랍니다.

"언니 고마워요."

다문화 사회는 사랑하는 마음도 더 많아지는 사회입니다.

– "행복을 채워주는 사람", 한국방송광고공사, 2009.08.04.

다)

최근 조선족들을 범죄자로 묘사한 영화가 많아지자, 중국 동포들은 영화가 자신들을 범죄 집단으로 매도해 사회적 인식을 더욱 악화시킨다고 주장하고 있다. 이들은 "오류로 가득 찬 영화로 인해 중국 동포에 대한 잘못된 인식이 확산되지 않길 바란다."며 적극적인 반발의 목소리를 내고 있다.

· 우리를 더이상 반쪽짜리 시민으로 대우하지 말라.
· 대림동이 범죄 소굴인가?
· 중국 동포들은 조직폭력배에 인신매매범인가?
· 10년째 이미지 개선 노력하는데 동포 무시한 영화, 상영 멈춰라.

– "왜 영화 속 그들은 다 범죄자인가?", ≪조선닷컴≫, 2017.11.01.

Tip

■ 대자보

흰색 전지(788x1090mm)에 검정색 매직펜으로 큰 글씨로 알린다는 뜻의 글이 대자보(大字報)이다. 이 글은 한 사회가 직면한 중대한 사안에 대해 대중의 관심을 유도하고, 이를 통해 행동의 변화를 호소하는 결연한 어조의 글이다.

공적인 공간에 게시되는 만큼 사회성 짙은 테마가 주로 선택되지만, 또 같은 이유로 대중들의 시선을 끌기 위해서는 개성 있는 표현이 필요한 글이기도 하다.

최근에는 대자보가 형태나 표현 방식을 두고 획일적인 모습에서 벗어나 새롭게 진화하고 있다. 획일적인 선언문 형식에서 벗어난 편지글 형식을 택한다거나, 드라마나 유행어 등의 소재를 패러디하거나, 과감한 일러스트를 활용하는 방식도 등장하고 있다. 2030세대의 대자보는 필자의 개성과 사회 참여라는 두 마리 토끼를 모두 좇는 중이다.

하지만 어떤 형식과 내용이 등장하여도, 선언적인 제목, 현실 문제의 지적, 행동을 촉구, 글을 쓰는 주체가 들어간다는 점은 동일하다.

■ 대자보 예시

안녕들 하십니까?

1.

어제 불과 하루만의 파업으로 수천 명의 노동자가 일자리를 잃었습니다. 다른 요구도 아닌 철도 민영화에 반대한 이유만으로 4,213명이 직위해제된 것입니다. 대통령이 사회적 합의 없이는 추진하지 않겠다던 그 민영화에 반대했다는 구실로 징계라니. 과거 전태일 청년이 스스로 몸에 불을 놓아 치켜들었던 '노동법'에도 '파업권'이 없어질지 모르겠습니다.

정부와 자본에 저항한 파업은 모두 불법이라 규정되니까요. 수차례 불거진 부정선거의혹, 국가기관의 선거개입이란 초유의 사태에도, 대통령의 탄핵소추권을 가진 국회의 국회의원이 '사퇴하라'고 말 한 마디 한 죄로 제명이 운운되는 지금이 과연 21세기가 맞는지 의문입니다.

시골 마을에는 고압 송전탑이 들어서 주민이 음독자살을 하고, 자본과 경영진의 '먹튀'에 저항한 죄로 해고노동자에게 수십억의 벌금과 징역이 떨어지고, 안정된 일자리를 달라 하니 불확실하기 짝이 없는 비정규직을 내놓은 하 수상한 시절에 어찌 모두들 안녕하신지 모르겠습니다!

2.

'88만원세대'라 일컬어지는 우리들을 두고 세상은 가난도 모르고 자란 풍족한 세대, 정치도 경제도 세상 물정도 모르는 세대라고들 합니다. 하지만 1997~98년도 IMF 이후 영문도 모른 채 부모의 맞벌이로 빈 집을 지키고, 매 수능을 전후하여 자살하는 적잖은 학생들에 대해 침묵하길, 무관심하길 강요받은 것이 우리 세대 아니었나요? 우리는 정치와 경제에 무관심한 것도, 모르는 것도 아닙니다. 단지 한 번이라도 그것들에 대해 스스로 고민하고 목소리 내길 종용받지도 허락받지도 않았기에, 그렇게 살아도 별 탈 없으리라 믿어 온 것뿐입니다.

그런데 이제는 그럴 수조차 없게 됐습니다. 앞서 말한 그 세상이 내가 사는 곳이기 때문입니다. 저는 다만 묻고 싶습니다. 안녕하시냐고요? 별 탈 없이 살고 계시냐고요? 남의 일이라 외면해도 문제없으신가, 혹시 '정치적 무관심'이란 자기합리화 뒤로 물러나 계신 건 아닌지 여쭐 뿐입니다. 만일 안녕하지 못하다면 소리쳐 외치지 않을 수 없을 겁니다. 그것이 무슨 내용이든지 말입니다. 그래서 마지막으로 묻고 싶습니다. 모두 안녕들 하십니까!

– 주현우, 고려대학교 대자보 게시판, 2013.12.10.

제 3 장

갈등과 공존

세대갈등과 통합

1. 입장하기

아래의 가)~라)는 세대 갈등과 관련된 공통된 생각을 바탕에 깔고 있다. 이러한 세대 갈등의 문제의식이 가)~라)에서 어떻게 구체화 되는지를 생각해 보자.

가) 영화 〈수상한 그녀〉

나) KTF 광고

다) 아재개그

라) 급식체

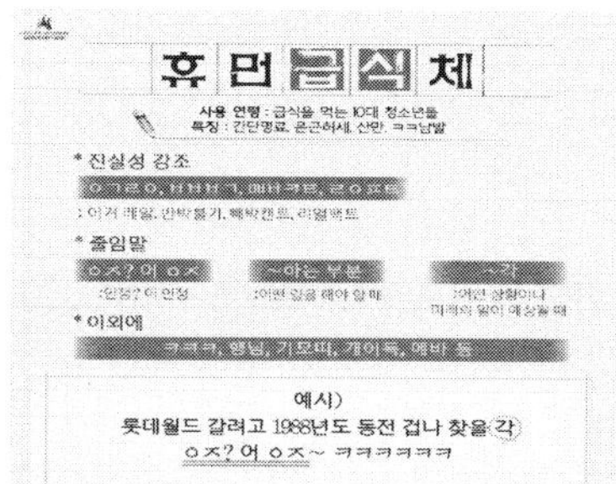

구분	의미
가)	
나)	
다)	
라)	

2. 깊이 들여다보기

우리는 일상적으로 세대차이, 세대갈등이라는 표현을 종종 사용하고 또 듣는다. 개인적 특성을 '○○세대'로 명명하며 세대적 특성으로 일반화하는 경우도 많다. P세대, X세대, Y세대, Z세대, N포세대, 386세대, 4 · 19세대, 쉰세대, 낀세대, 사오정세대, 38선세대, 88만원세대 등 헤아릴 수 없이 많은 세대 명칭들이 있다.

그런데 '○○세대'라는 표현을 사용할 때는 상대에 대한 친근감보다는 거부와 차별, 그리고 분리의 의도를 바탕에 깔고 있는 경우가 대부분이다.

그럼에도 불구하고 정체를 알 수 없는 수많은 '○○세대'라는 표현이 언론과 방송, 그리고 인터넷 등의 대중매체를 통해 일상적으로 유통되고 있다. 언론들은 선거철이면 어김없이 후보자에 대한 지지율 추이를 '젊은 세대/노인 세대'로 나누어 보도한다. SNS 접속량, 라이프 스타일, 가족에 대한 가치관 변화, 부부간 의사소통 형태 변화, 정부의 일자리 정책까지도 세대별로 통계를 내는 것이다.

이렇게 한국사회에서 '세대'는 거의 모든 것이라 해도 좋을 만큼 삶의 전 영역을 결정하고 판단하는 하나의 틀, 즉 프레임으로 작동하고 있다.

하지만 세대 프레임은 본질적으로 주어진 자연물이 아니다. 세대 프레임은 누군가가 부당한 이익을 얻기 위해 만든 것이다.

■ 세대 모델은 어떻게 만들어지는가?

독일 역사학자 위르켄 로일레케는 세대성이란 용어를 통해 세대 정체성이 만들어지는 과정을 조명한다. 세대는 한편으로 공통 경험을 지닌 사람들의 집합적인 자기주장이지만, 다른 한편으로 외부 사람들이나 기관들이 그들을 하나의 세대로 부르는 것이다. 이를 '외부 호명'이라 하자. 엄격히 말해서 외부 호명은 그 세대 구성원의 생각이나 감정이나 의식 따위에는 애당초 관심이 없다. 나름의 목적을 위해 그들을 그냥 세대라 부르는 것뿐이다.

위르켄 부일레케가 주목한 것은 주도권이다. 외부 호명에서는 세대로 불리는 사람들보다 세대를 부르는 사람들에게 주도권이 있다. 반대로 자기주장에서 주도권은 부르는 사람들이 아니라 불리는 사람들에게 있다. 그들이 그 세대 명칭에 동의해야, 곧 자신과 동료들의 정체성과 주장의 근거로 그것을 수용해야, 비로소 나름의 자기의식을 갖춘 세대가 출현한다.

■ 집합적 상호 이해

세대 연구자들은 소비자가 세대 정체성을 형성하는 사회문화적 메커니즘을 '집합적 상호 이해'라고 한다. 잠재적 세대 구성원들이 서로 간의 의사소통을 통해서 하나의 집합체에 속한다고 생각하고 느끼고 믿어야, 비로소 정체성을 지닌 세대가 된다.

그러한 집합적 정체성이 만들어지는 데 두 가지 기제가 중요하다. 동일시·일체화와 경계짓기(차별화)다. 풀어 말하면, 내가 어디에 속하는지 알아야 하고, 누구와 다른지를 실감해야 하나의 집합 정체성이 만들어진다. 개별 구성원들이 홀로 '우리는 하나야'라고 생각한다고 되는 일이 아니다. 잠재적 세대 구성원들이 서로 소통하고, 다른 세대에 속한(혹은 그렇게 보이는) 사람들과 대화하면서 집합적인 상호 이해에 도달한다.

■ 세대전쟁의 레토릭(rhetoric)

세대전쟁론은 학술적 분석보다는 정치적 레토릭에 더 가깝다. 복잡하고 다차원에 걸친 사회문제의 원인과 결과에 대한 분석은 부차적이며, 도덕적 레토릭으로 싸움을 선동하는 것이 주된 사업이다.

세대전쟁, 세대폭풍, 세대충돌과 같은 대중매체의 수사를 통해 자녀와 부모, 젊은이와 늙은이, 청년세대와 기성세대, 마지막에는 선과 악의 싸움에 집중하게 만들어, 자신들의 호소와 요청을 수용하도록 반복해서 종용하고 선동한다.

지난 30년 동안 세계 각지에서 세대전쟁론자들은 흡사한 논리와 레토릭으로 세대전쟁이 임박하거나 이미 시작되었다고 반복해서 주장했다. 반복은 이들의 주장이 현실이 되도록 하는 데 중요한 역할을 한다.

■ 부자 아빠가 가난한 아들의 밥그릇을 훔친다?

『아동과 노인-미국 의존층의 갈라진 경로』, 『노동자 대 연금 생활자-고령 세계에서의 세대 정의』, 『이리떼의 제거-젊은이와 노인의 전쟁 위협에 대해서』, 제목만 보아도 세대전쟁론이 오늘날까지 고수하는 특징적인 수사 전략을 가늠할 수 있다.

첫째, 세대와 세대 사이의 대립을 강조한다. 아동과 노인, 노동자와 연금생활자, 젊은이와 노인, 그리고 미래와 과거를 대립시킨다. 둘째, 대립이 정의롭지 않음을 부각한다. 노인을 보살피느라 아동을 방기하거나, 연금생활자를 봉양하느라 노동자의 허리가 휘거나, 이리떼 같은 노인들이 순진무구한 젊은이들을 갈취한다. 셋째, 부정의(不正義)가 도덕적 분노를 야기한다. 어른들이 아이들의 먹거리를 탐한다. 과거가 미래를 집어삼킨다. 넷째, 분노는 행동을 요청한다. 만연한 아동학대를 멈추고 청년 착취를 종식하고 국가 재정의 파탄을 막아야 한다. … (중략) …

세대전쟁론자들의 강렬한 레토릭은 대중의 감정을 자극한다. 일단 세대는 많은 것을 지칭한다. 예를 들어 가족에서의 역할을 말하거나, 동일 연령대의 집단을 뜻하거나, 사건이나 사고가 났을 때 그것으로 생긴 어떤 일체감을 표현하기 위해서 '세대'라는 단어를 사용한다. 세대라는 용어가 극히 추상적이라는 것이다.

하지만 정작 지칭된 대상이 반발하거나, 주장의 내용에 해당되지 않게 되면, 다른 관형어를 활용하는 또 다른 세대를 창조할 수 있다. 베이비붐세대와 에코세대를 이야기하다가 아귀가 맞지 않거나 대중이 수긍하지 않으면 부모세대와 자녀세대의 대립으로, 그것도 문제라면 5060세대와 2030세대의 다툼으로 갈

아탄다. 이렇게 화려하지만 애매모호한 세대 수사법은 국적을 불문하고 대다수의 세대전쟁론자들이 애용하고 있다.

– 전상진, 『세대게임』, 문학과지성사, 2018, 108~163쪽.

1) 위 글을 읽고 세대갈등이 발생하는 원인이 무엇인지 정리해 보자.

2) 세대를 표현하는 다양한 명칭을 검색하여 보고, 이러한 표현들이 어떤 느낌이 들게 하는지 생각해 보자.

명칭	의미

3. 함께 생각해 보기

지금 학계에서는 '세대론은 없다'는 주장이 점점 설득력을 얻고 있다. 세대론은 '개념'이 아니라 '정치적 상품'이라는 것이다.

당신도 '세대 프레임'에 갇혔나요?

■ G세대 · P세대 · N포세대, 청년들을 불러온 이름들…… 제대로 그들을 담아냈나?

청년세대 담론은 끊임없이 재생산되고 있다. 정보기술의 발전 및 라이프스타일의 변화를 적극적으로 수용하는 주체라는 의미에서 청년세대는 IP세대, G세대, S세대 등 다양한 이름으로 불렸다.

2000년 이후에는 단순히 문화적 차이를 조명하는 데 그치지 않고 세대 간 정치적 · 경제적 차이를 부각하는 담론도 등장했다. 대통령 선거 등 굵직한 정치 이벤트 뒤에는 청년세대의 선택에 의미를 부여하는 세대론이 등장했다. 2002년 청년세대는 촛불집회와 노무현 후보의 당선을 이끌었다는 의미에서 참여(participation)와 열정(passion)을 뜻하는 'P세대'로 분석됐다.

반면 6년 뒤인 2008년을 전후로 청년세대가 정치 참여에 소극적이고 현실정치에 무관심해 이명박 후보의 당선 등 보수화에 기여했다는 의미의 '20대 개새끼론'이 등장했다. 2012년 대선을 전후로 세대 변수는 한국의 선거에서 중요한 결정 요인으로 부각됐고 세대 프레임은 각 세대를 정치적으로 동원하는 전략으로 활용되기도 했다. 기초연금, 무상급식, 반값등록금 등과 같은 복지 이슈는 세대 간 자원 배분에 초점을 맞춰 경제적 위기에 처한 청년세대와 노년세대 간 제로섬게임으로 그려졌다.

지난 10여 년간 청년세대를 설명하는 가장 강력한 틀은 청년들의 취업난과 불안정한 저임금 노동에 초점을 맞춘 담론들이다. 2007년 발간된 『88만원 세대』를 시작으로 경제적 불안정으로 결혼과 출산 등을 포기했다는 의미의 '삼포세대', 'N포세대', 포기를 넘어 모든 욕망을 초월했다는 '달관세대' 등의 담론이다. 국회에 청년정책 전담부처 신설과 청년들의 복지 증진과 권리 실현 등을 뼈대로 한 청년기본법안 6건이 발의됐지만 아직 법안 통과는 되지 않았다.

■ 세대론 vs 여성

"'김치녀' 프레임을 벗어나려면 능력 있고 독립적이고 예뻐야 한다고 생각들을 해요. 그래야 남자들에게 빌미를 안 준다는 거죠. 성별 격차라는 사회의 문제를 개인에게 돌리는 거죠."

박서회 씨는 'N포세대'로 대변되는 세대론이 20대를 통과하는 자신의 고민을 잘 설명해 주지 못한다고 생각한다. 세대론에는 여성혐오의 최전선에 놓여 있는 20대 여성에 대한 이야기가 빠져 있기 때문이다. 취업이 안 돼 연애, 결혼, 출산 등을 포기했다는 N포세대 프레임 자체는 남성 위주의 언어다.

"남성을 기본값으로 상정한 설명 같아요. 취업이 힘들어 결혼을 포기했다는 건데, 여성들은 또 다르거든요. 내 커리어가 중요하기 때문에 결혼 후 아이를 돌보느라 경력단절을 하고 싶지 않다는 생각을 하는 경우도 많아요. 적지 않은 여성들이 결혼하지 않는 데에는 이런 이유가 돈보다 앞선다고 생각해요."

배은경 서울대 사회학과 교수는 'N포세대론'은 취업난에 처한 젊은 남성의 모습을 떠올리게 하고, 이들이 취업, 결혼, 출산, 양육으로 이어지는 생애주기에서 이탈한 것에만 초점을 맞춰 청년세대 문제를 진단하고 있다고 한다. N포세대 프레임은 성별 격차의 문제는 가린 채 안정적인 일자리와 지위만 확보하면 저절로 문제가 해결되는 것처럼 그렸다는 것이다.

■ 세대론 vs 계급

특히 양극화와 같은 계급 간 격차 문제는 청년층의 취업난과 맞물려 세대 격차 문제로 바뀌기 쉽다. 그러나 손쉽게 덧씌워지는 세대 프레임은 근본 원인을 가린다. 예컨대 인천공항 비정규직의 정규직 전환을 반대하는 여론은 공정성에 경도된 20~30대의 세대적 특성에서 기인한 것인가, 외환위기 이후 지속돼 온 고용 관행의 모순이 누적된 결과인가. 또 최저임금 인상은 자영업자인 50~60대 편의점주와 20대 아르바이트생 사이 세대 갈등의 문제인가, 양극화된 임금 격차 때문인가. 전 교수는 "기성세대나 노년세대를 겨냥하는 세대전쟁론은 문제의 구조적 원인, 예컨대 자본, 기업, 그에 기생하는 정치권력과 같은 원인들을 겨누지 않는다."며 "세대전쟁론이 내세우는 청년에 대한 배려는 말잔치에 불과하고, 더 나아가 청년에 대한 선입견이나 편견, 차별을 강화하는 데 기여한다."고 말했다. 청년층 사이에서 자조적으로 흘러나왔던 '수저계급론'은 격차로 인한 갈등이 세대 문제가 아닌 계급의 문제임을 직관적으로 보여 준다.

– 박송이, ≪경향신문≫, 2018.03.02.

위 기사를 참고하여, 아래 가)~라)를 세대 프레임이 아닌 다른 프레임으로 명칭을 바꿀 수 있는지, 4명이 한 팀을 이루어 의견을 나누어 보자.

가) 20대를 겨냥한 도서들

나) SBS, 〈우리 아이가 달라졌어요〉

다) 꽃노년

나) 세대별 상품가치

10대	샘플	치장
20대	신상품	화장
30대	정품	분장
40대	명품	변장
50대	세일품	위장
60대	이월상품	포장
70대	창고대매출	환장
80대	폐기대상품	끝장

명칭	의미

4. 글 써 보기

대학생활에서 공감과 통합이 필요한 부분이 있다면, 이를 주제로 하여 한 편의 시론을 써 보자.

가)

세대갈등은 성별갈등, 인종갈등과 같이 다른 갈등과 완전히 다르다. 인종갈등, 성별갈등은 다른 집단의 구성원으로 살아보는 것이 극히 어렵거나 불가능하지만, 세대구성원은 그렇지 않기 때문이다. 오늘의 청년은 별 탈 없이 늙어간다면 내일의 노년세대가 될 수밖에 없다. 세대갈등이 사회의 문제가 되어서는 안 되는 가장 중요한 이유가 여기에 있다.

따라서 문제는 세대갈등이 아니라 세대공생이다. 젊은세대가 노인세대에 저항하지만, 이는 그들을 제거하기 위한 것이 아니라 그들과 평화롭게 지내기 위함이다. 마찬가지로 어르신이 나이 어린 녀석들의 방종을 다스리지만, 목표는 그들의 제거가 아니라 유산을 보존하기 위한 것이다. 무언가 상호 배려와 서로 간의 애틋함이 바닥에 깔려 있다는 것이다.

세대투쟁 프레임은 쓸모라는 관점에서 진행되어야 한다. 대등하지 않은 것들을 대등하게 여기도록 만들고, 사회적 대립의 심각함을 중화시키며, 본격적으로 싸우기 전에 이미 평화로운 관계를 개선한다는 목표 하에서만 세대투쟁 프레임은 쓸모가 있는 것이다.

– 전상진, 『세대 게임』, 문학과지성사, 2018, 299~302쪽.

나)

프랑크푸르트학파 3세대로 칭해지는 악셀 호네트는 헤겔의 '주인과 노예의 변증법'에서 상호 인정을 '인정투쟁'으로 확장시켜 해석하고 그것을 자신의 철학적 출발점 또는 자신의 사상적 토대로 삼는다. … (중략) …

호네트가 보기에 사회란 단순히 자기 보존을 위해 싸우는 개인들의 집합이 아니다. 푸코에게 투쟁의 동기는 억압이고 투쟁의 목표는 자기보존이지만, 호네트에게 투쟁의 목표는 인정이다. 나아가 호네트는 성공적인 삶의 조건으로 사랑, 권리, 사회적 연대라는 세 가지 인정 형태를 제시한다. 인간은 사랑, 권리, 연대를 통해 타인의 인정을 경험함으로써 긍정적 자기의식을 갖게 됨은 물론, 성공적 자아실현의 조건을 확보하게 된다.

이런 점에서 인정이란 도덕적 정당성을 확보할 수 있고, 또 사회 비판의 규범이 된다. 호네트는 윤리를 삶의 목적 실현을 위해 필요한 행위나 법칙을 의무로 규정하는 것이 아니라, 인간의 삶을 보호하기 위한 보호 장치로 규정한다. 왜냐하면 호네트는 인간의 삶이 타인으로부터 훼손당할 수 있다는 가정을 하기 때문이다.

그에 따르면 인간이란 자신의 삶의 의미에 대해 질문하면서 자기의식을 갖게 된다. 다시 말해 인간은 자신이 누구이고 또한 어떤 삶을 살아야 한다는 나름대로의 상(像)을 가지고 있다.

이러한 점에서 인간의 삶은 단순한 생존유지가 아닌 자기실현을 의미한다. 그런데 성공적 자기실현의 가능성이 타인의 인정, 다시 말해 나에 대한 타인의 긍정적 태도에 달려 있다고 보는 것이 인정윤리의 관점이다. 내가 타인의 부정적 태도를 경험하게 된다면 심리적 상처는 물론 자신의 정체성과 삶에 대한 긍정적 관계가 훼손될 위험에 빠진다.

따라서 개인의 삶을 보호하기 위해서는 인간 상호간의 윤리적 의무가 필요하며, 그 의무의 내용이란 각 개인이 자신의 삶에 대해 긍정적 태도를 가질 수 있게 하는 상호 인정이다. 즉 인정이란 타인의 자아실현을 보장하는 필수적 조건이며, 이런 점에서 상호 인정은 인간 상호간의 의무로 설정될 수 있다.

– 김종기, 「'인정투쟁'으로 읽는 현대사회」, 부산대학교 한국민족문화연구소, 『로컬리티 인문학』 13, 2015, 301~303쪽.

Tip

■ 시론

시론(時論)은 시사평론, 시평과 같은 말로 우리 사회에서 일어나는 정치, 경제, 문화, 사회적 문제를 다루는 글이다. 주로 신문의 칼럼, 오피니언난에서 시론을 볼 수 있다.

시론은 사회 전반에 걸쳐 중대한 문제가 있는 시사적인 내용을 주제로 선택해야 한다. 따라서 시론을 쓸 때는 글의 지향점이 한 개인의 취향이나 특정집단의 이익에 맞추지 말고, 사회 전체의 가치를 정립하는 방향으로 나아가야 한다.

시론은 선택한 주제가 우리 사회에서 왜 문제적인지, 이 문제는 어디에 원인이 있는지를 검토 구체적인 자료를 제시해야 한다. 또한 해당 문제를 해결하거나 다른 관점으로 보아야 할 필요성을 본론에서 설득력 있게 제시해야 한다. 결론부에서는 문제에 대한 대안과 전망으로 마무리한다.

■ 시론 예시

극심한 취업난, 10대 알바 자리도 줄었다

최근 취업난이 심해지면서 노동시장에서 가장 취약한 계층 중 하나인 10대 청소년들의 일자리가 눈에 띄게 줄어들었다. 통계청 경제활동인구조사에 따르면 4월 15~19세 취업자 수는 18만9천 명으로, 지난해 4월보다 7만6천 명이 줄어 28.6% 감소했다. 관련 통계를 작성한 1982년 7월 이후 최대 감소폭이다. 감소율은 지난해 12월부터 올해 3월까지는 10%대에 머물렀으나 4월에 급격히 높아진 것이다. 10대 후반 취업자의 대부분은 아르바이트 같은 불안정한 노동을 하고 있는데 그나마 이런 형태의 일자리마저 적어졌다. 지금은 전단 아르바이트 같은 자리도 구하기 어렵다고 한다.

최저임금 인상으로 자영업자 등의 인건비 부담이 어느 정도 늘어난 가운데 청소년들이 가장 먼저 고용 배제의 대상이 된 것으로 보인다. 15~19세 취업자의 76.7%는 임시 일용 근로자이다. 절반 이상이 저임금 노동자가 많은 도소매 · 음식숙박업에 종사하고 있었다. 미성년이라는 이유로 성인보다 임금을 적게 주는 관행까지 고려한다면 이들의 보수는 많아야 최저임금 정도일 것으로 추정된다. 일부 청소년은 나이를 속이고 일하기도 하고, 일을 배우는 셈 치고 낮은 보수를 감수하기도 한다.

대개 고용주들은 어른들과 비교하면 청소년들은 일이 서툴고 책임감이 적다며 최저임금 인상으로 어차피 임금을 올려 줘야 한다면 어른을 쓰겠다고 생각한다. 10대 후반 청소년들의 일자리 자체가 일회성이거나 단기 아르바이트인 경우가 대부분이라 계약이 끝난 후에는 갱신하지 않고 성인을 쓰는 고용주가 늘어났다. 성인 구직자도 많기 때문이다.

구직 · 구인 사이트에도 청소년 구직자는 많지만, 청소년을 쓰겠다는 구인 광고는 소수이다. 그나마 일자리를 유지하고 있는 청소년은 상당수가 부모님이나 친척, 지인 등 인맥을 통한 경우라는 것이다. 청소년 노동자를 당장 해고하지는 않더라도 이들을 계속 고용하거나 이들이 새로운 일자리를 구하기는 어려워진 것으로 보인다. 일할 기회가 적어지다 보니 청소년들은 더 낮은 임금에, 더 열악한 근로 환경으로 내몰릴 위험이 있다.

이를 방지할 대책을 강구해야 한다. 그러나 10대 후반 청소년들의 구직난은 그리 시선을 끌지 못하고 있다. 10대 후반은 본격적으로 노동시장에 진입했다기보다는 취업의 경험을 쌓는 시기라는 생각에 10대 취업 문제를 진지하게 생각하지 않는 경향이 있다. 20대가 영구적인 취업에 들어가는 시기라는 판단에서 고용지표 작성도, 일자리 대책도 20대 전후반에 초점이 맞춰져 있다.

학업에 전념해야 할 10대 후반 청소년이 취업한다는 것은 용돈을 벌기 위해서든 생계를 위해서든 상당수가 경제적인 동기에서일 것이다. 그런데 이처럼 일자리가 줄어드니 타격이 심할 것이다. 이제 이 시기 노동의 의미를 파악하고 관심을 기울여 이에 대한 정책을 마련할 필요가 있다.

– 연합시론, ≪연합뉴스≫, 2018.06.06.

제 4 장

자본과 사회

돈과 나의 삶

약 95%의 사람들은 자신의 인생 목표를
글로 기록한 적이 없다
그러나 글로 기록한 적이 있는 5%의 사람들 중 95%가
자신의 목표를 성취했다
–John C. Maxwell

1. 입장하기

다음의 돈과 부에 대한 대립되는 명제들 중 각자가 옳다고 생각하는 것에 체크해 보자.

번호	㉠ 명제 vs ㉡ 명제	㉠이 옳다	잘 모르겠다	㉡이 옳다
1	㉠ 돈은 모든 악의 근원이다. ㉡ 돈의 결핍이 모든 악의 근원이다.			
2	㉠ 부모가 부자라면 자식도 부자다. ㉡ 부는 상속에 따른 것이 아니다.			
3	㉠ 부자가 되려면 행운이 필요하다. ㉡ 부자가 될 행운은 스스로 만드는 것이다.			

4	㉠ 노력한다고 부자가 되는 것은 아니다. ㉡ 부자는 노력과 시행착오로 만들어진다.			
5	㉠ 부자가 되면 친구가 떠날 것이다. ㉡ 진정한 친구는 당신을 지지할 것이다.			
6	㉠ 돈을 많이 벌수록 저축도 늘어난다. ㉡ 돈을 많이 벌수록 지출도 늘어난다.			
7	㉠ 부자는 부정직하고 무자비하다. ㉡ 좋은 일을 하는 부자가 더 많다.			
8	㉠ 도움을 받는 것보다 주는 게 더 좋다. ㉡ 부자가 되려면 받는 데 익숙해져야 한다.			
9	㉠ 부자가 되려면 더 열심히 일해야 한다. ㉡ 부자가 되려면 현명하게 일해야 한다.			
10	㉠ 부자가 되려면 교육을 잘 받아야 한다. ㉡ 대학 교육이 부를 가져오는 것은 아니다.			
11	㉠ 빚이 많으면 부자가 될 수 없다. ㉡ 나쁜 빚이 있으면 부자가 될 수 없다.			
12	㉠ 나는 부자가 될 자격이 있다. ㉡ 누구나 부자가 될 자격이 있다.			
13	㉠ 부자가 되려면 구두쇠가 되어야 한다. ㉡ 부자는 구두쇠처럼 돈을 쌓아 두지 않는다.			
14	㉠ 돈 얘기를 꺼내는 것은 교양 없는 태도다. ㉡ 돈 얘기를 안 꺼내면 돈과 멀어진다.			
15	㉠ 돈은 곧 힘이다. ㉡ 돈은 곧 책임이다.			

– 벤 벤슨, 조창원 옮김, 『돈에 관한 생각』, 퍼플카우, 2012. 참조.

1) 위 설문지에 체크한 것들 중에서 자기 입장이 분명하며 그 근거를 밝힐 수 있는 명제를 3가지 골라 아래에 쓰자.

명제 ①	
근거	
명제 ②	
근거	
명제 ③	
근거	

2) 옆의 친구와 서로 무슨 내용을 썼는지 확인한 후 궁금한 점에 대한 질문과 답변을 주고받도록 하자.

2. 깊이 들여다보기

가)

이스털린의 역설(Easterlin Paradox)은 행복 경제학의 핵심 개념이다. 이 개념은 「경제성장이 인간의 행복을 증진하는가」라는 논문을 쓴 경제학자 리처드 이스털린의 이름에서 유래된 것이다. 1973년 발표된 이 논문에서 이스털린은 이전보다 소득이 향상되면 더 행복해질 것 같지만 실제로 조사해 본 결과 소득이 늘어나고 부유해진다고 해도 행복의 수준은 1인당 국민소득 기준으로 따져볼 때 별로 달라진 게 없다는 점을 주장했다.

그는 논문에서 "1946년 이후 미국에서 실시된 일련의 연구를 살펴본 결과 소득이 전보다 많아진다고 해서 더 큰 행복이 자동적으로 따라오지 않는다."라고 결론을 내린다. 1946년부터 1970년 사이에 미국 내 1인당 소득은 꾸준히 늘었지만 일반적인 행복지수는 소득과 비례해 계속해서 높아지지 않았으며, 1960년과 1970년 사이에는 오히려 행복지수가 낮아지는 양상을 보였다. …(중략) …

지난 2007년 3,500만 파운드(607억 원)에 당첨돼 화제를 모은 안젤라 켈리의 경우는 어떨까. 그는 사실상 은둔자가 되었다. 같은 동네에 살던 이웃은 이렇게 말한다.

"복권 대박이 그녀의 삶을 사실상 폐허로 만들었어요. 주변의 압박이 너무 커서 견디기 힘들었을 거예요. 당첨되기 전이 훨씬 더 행복했던 것 같네요. 이제 그녀는 인생의 목표를 잃어버린 사람처럼 보여요."

확실히 돈이 모든 것을 규정하고 삶을 행복하게 만들어 준다는 가정은 올바르지 않다. 그러나 어느 정도 주목할 만한 상관관계는 있다.

행복은 재정적 스트레스에서 벗어난 자유로움으로 이루어진 것이다. 다른 사람을 배려할 수 있는 여유, 가족에게 훌륭한 교육 여건을 제공할 수 있는 능력, 먼 대륙을 여행하거나 지구 밖 행성을 탐험할 수 있는 넉넉함을 보장한다. 생계를 이어가려고 매일매일 원하지 않는 일을 해야 하는 형편에서 꿈과 야망을 추구하기란 어려운 일이다.

행복은 꿈과 야망을 추구할 수 있는 상태에서 오는 감정이다. 또는 본인의 삶과 인간관계를 충만하고 의미 있게 만드는 식으로 물질적, 감성적, 정신적인 만족감을 확대하는 것이라고 표현할 수도 있다. 자신이 소중히 여기는 사람들과 사회공동체의 안녕을 위해 적극적으로 기여하고 영향력을 미치는 것도 일종의 행복이라 말할 수 있다.

바로 이러한 것들이 행복의 특성이며 이러한 가능성이 돈이 있어야 실현 가능하다는 것에는 의심의 여지가 없다. 돈은 자신의 운명을 선택할 수 있는 기회와 자유를 부여한다.

한 가지 확실한 점은 돈의 결핍이 인간을 행복하게 만들진 않는다는 점이다. 가난하다는 것은 결코 유쾌한 일이 아니다. 하루하루 생계를 유지하기 위해 고군분투하는 일상에는 스트레스와 고뇌가 쌓일 뿐이다. 가난하거나 돈이 없는 삶에서 위안을 찾기란 쉽지 않은 법이다. 돈이 없을수록 돈에 대해 더 많이 생각하게 될 것이다.

– 벤 벤슨, 조창원 옮김, 『돈에 관한 생각』, 퍼플카우, 2012, 73~77쪽.

나)

일반적으로 우리는 적은 돈으로 출발을 한다. 하지만 적은 돈이라도 소중한 법이다. … (중략) … 실제로 적은 것에서 출발하면 할수록 보통 젊은 사람들의 경우 똑같진 않더라도 보다 나은 기회를 갖게 된다. 약간만 수입이 증가해도 효과는 크고 인생에 커다란 차이를 만들어 낸다. 교육을 받는 동안 매우 적은 돈만을 가지고 있던 사람은 자제하는 법을 배우게 되고 절약과 자족하는 습관이 몸에 배게 된다. 이 같은 습관은 미래에 커다란 장점으로 작용한다. 나중에 다가올 화려함을 고맙게 받아들이고 즐길 수 있게 되는 것이다.

빛을 의미하는 라틴어 'lux'에서 나온 화려함은 언젠가는 다가오게 되어 있다. 인생에 화려함의 빛을 가져오려면 그 반대쪽 극을 알아야 한다. 직접 체험해 보는 것이 최선일 것이다. 첫 직장에서 급여가 조금 올라가면 삶이 훨씬 원활해진다. 객관적으로는 돈이 조금 증가한 것이지만 삶은 극적으로 개선되는 것이다. 조금씩 수입이 증가할수록 삶의 질의 상승도 새롭게 느낄 수 있게 될 것이다. 수년간 이렇게 증가된 수입이 삶에 미치는 변화는 항상 결정적인 것이 된다.

대부분의 경우 그것은 더 이상 인지되지 않는다. 왜냐하면 돈을 버는 것은 일반적으로 이미 당사자가 알기 힘든 자기 동력을 갖게 되기 때문이다. 돈을 점점 더 많이 쓰더라도 유용성은 점점 적어지게 된다. 적은 돈으로도 살 수 있는 것을 거의 다 산 사람은 몇몇 추가적인 사치품을 사기 위해 많은 돈을 쓴다. 이제부터는 뭔가를 개선시키기 위해 더 많은 돈이 필요하게 된다. 최고의 응접실에 최고의 오디오를 설치하면 부촌에 위치한 자신의 집이 그에 걸맞은 인상을 주게 되고 열린 문 사이로 이웃에 사는 젊은 친구들의 놀라움을 이끌어낼 수 있을 것이다. 항상 오성급 호텔과 비행기 1등석만을 이용하게 되면 머니 게임의 혼잡 속에서 대부분이 몰락을 경험하는 위험스러운 순간이 찾아오게 된다.

그 전에 익숙해지는 단계가 먼저 찾아온다. 처음에는 놀라운 것들이 금방 당연하게 느껴지고 즐거움도 점점 줄어들다가 완전히 사라진다. 이제 돈으로 삶의 질을 더욱 향상시키는 일은 극단적으로 돈이 많이 들어가는 일이 된다. 많은 사람들이 극도로 비싼 여행, 미식, 귀금속 등으로, 또 어떤 사람들은 독특한 예술품으로 그것을 시도한다. 하지만 뭔가가 느껴질 정도로 수준을 향상시키는 것은 점점 어려워지고 돈이 많이 드는 일이 된다. 마침내 삶의 질의 곡선이 더 이상 상승하지 못하는 지점이 다가온다. 이제부터는 현상 유지만 하려 해도 엄청나게 많은 수입이 필요하다. 하지만 이런 상황임에도 당사자는 자신에게 무슨 일이 일어나고 있는지 거의 알지 못한다. 이제 돈을 버는 일은 의미를 더 이상 찾을 수 없는 일종의 반사작용이 되어 버린다.

이런 일이 진행될수록 돈 버는 일은 더 이상 검토해 볼 필요가 없는 자명한 전제로 여겨지게 된다. 하지만 보다 나쁜 일이 다가온다. 삶의 질 곡선은 다시 내려간다. 이윽고 역설적인 상황이 나타나게 된다. 당사자는 더 많은 돈을 벌어야 하지만 더 많은 걱정거리만 생기고 상태는 더욱 열악해진다. 이 같은 상황은 많은 돈을 이미 쌓아 놓았고 모든 필요를 충족시킬 수 있게 된 사람에게서 발견된다. 더 많은 돈을 벌어도 돈을 손해 볼지 모른다는 불안만 커지며 돈더미를 감시해야 하는 조치를 위해 돈이 점점 더 많이 들어가게 된다. 그럴수록 최대한 더 많은 돈을 벌기 위한 노력을 경주하지 않으면 안 된다.

돈 버는 기계가 된 그들은 이제 아무런 성찰도 없이 그저 돈을 다다익선이라는 원리에 따라 벌 뿐이다. 이미 당사자는 이 같은 미친 상황을 더 이상 판단하기 힘들어졌고 구원을 받기 위해서는 점점 더 많은 돈을 찾아 앞을 향해 도피하는 수밖에 없다. 하지만 현실에서는 불행만이 커지게 된다. 유감스럽게도 대부분의 사람들은 이 같은 흐름이 왜 생겨났는가에 대한 의식을 가지지 못하고 있다.

– 뤼디거 달케, 김택 옮김, 『돈의 심리학』, 하늘아래, 2013, 82~86쪽.

1) 위의 글 가)와 나)의 주장들에 나타난 공통점과 차이점을 찾아 써 보자.

공통점	
차이점	

3. 함께 생각해 보기

다음은 돈과 성공, 행복에 관한 명언들이다. 읽으면서 음미해 보자.

- 돈이 모든 것은 아니다. 그러나 인간에게 산소만큼 중요하다. -리타 대번포트
- 돈의 덕목 중 가장 중요한 것은 고결한 사람들의 위상을 강화해 주고 품격을 높이는 것만큼 사람들의 근간을 파괴한다는 것이다. -조지 버나드 쇼
- 부의 축적은 가장 저급한 우상숭배에 불과하다. 돈을 숭배하는 것보다 더 가치가 떨어지는 우상은 없다. -앤드류 카네기
- 돈은 또 다른 돈을 만들어 내는 씨앗이다. 처음으로 1파운드를 버는 게 두 번째로 백만 파운드를 버는 것보다 어렵다. -루소
- 대부분 사람들은 돈이 거의 바닥나야 관심을 갖기 시작한다. 시간에 대해서도 마찬가지인 사람들이 많다. -괴테
- 구두쇠는 가난해 보이면서 부유해지고, 사치스러운 사람은 부유해 보이면서 가난해진다. -셰익스피어
- 자녀에게 재산이 아니라 존경심을 유산으로 남겨라. -플라톤
- 성공이 행복의 열쇠가 아니라 행복이 성공의 열쇠다. -아인슈타인
- 돈이 도대체 무슨 의미가 있단 말인가? 잠에서 깨어나서 잠자리에 들 때까지 좋아하는 일을 할 수 있다면 그게 성공한 사람 아닌가? -밥 딜런

- 일에서 얻는 즐거움의 보수가 클수록 돈으로 받는 보수도 많아진다. —마크 트웨인

- 돈이나 힘은 선한 의지가 수반되지 않는 한 결코 행복을 주지 못한다. —포브스

- 돈이 없어도 행복할 수 있다고 생각하게 만드는 것은 일종의 속물근성이다. —알베르 카뮈

1) 각자 마음에 든 명언을 2~3개 고르자.

2) 옆과 뒤의 친구들로 4명씩 조를 이룬 후, 자신이 고른 명언들을 조원들에게 소개하는 시간을 서로 가지자.

3) 우리 조원들이 많이 선택한 명언들은? 왜 좋은지 함께 이야기해 보고 베스트 명언도 하나 골라 보자.

4) 조별로 돈과 관련한 명언 하나를 직접 함께 만들어 보자.

명언 만들기	

5) 조별로 만든 명언들을 앞에 나와 발표하자. 어느 조의 명언이 가장 좋은지 토너먼트 형식으로 뽑아 보자.

4. 글 써 보기

아래에 제시된 주제로 각자 에세이 형식의 글을 하나 써 보자. 맨 위의 오른쪽에 돈과 관련한 명언을 하나 적고 글을 시작하자.

주제 : 인생에서 돈이란 무엇이며 어떻게 벌고 써야 가치 있는 것이 될까?

제 4 장

자본과 사회

성장과 분배

1. 입장하기

아래의 최근 통계들이 지닌 사회적 의미를 해석해 보자.

가)

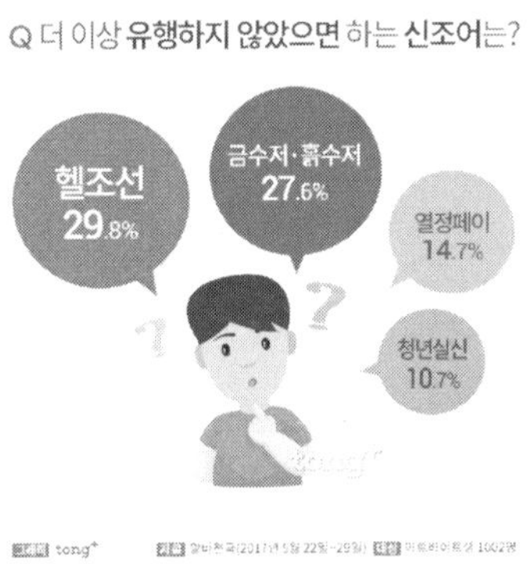

나)

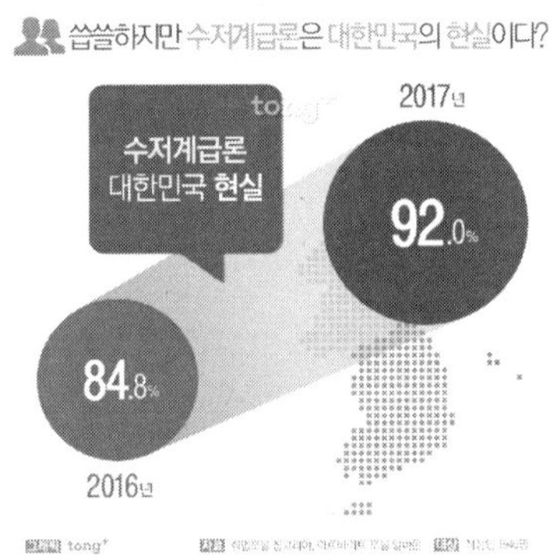

다)

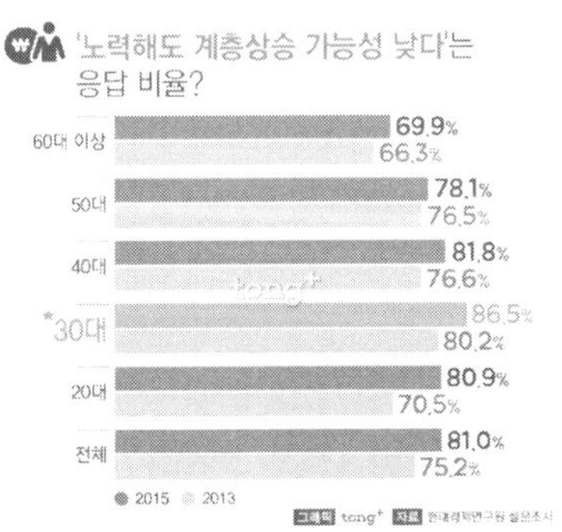

라)

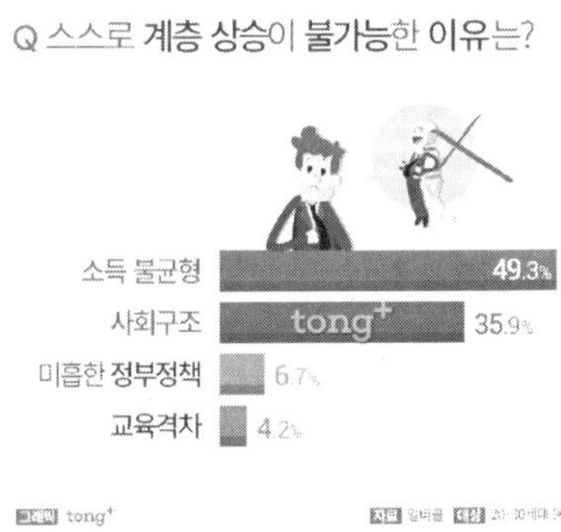

마)

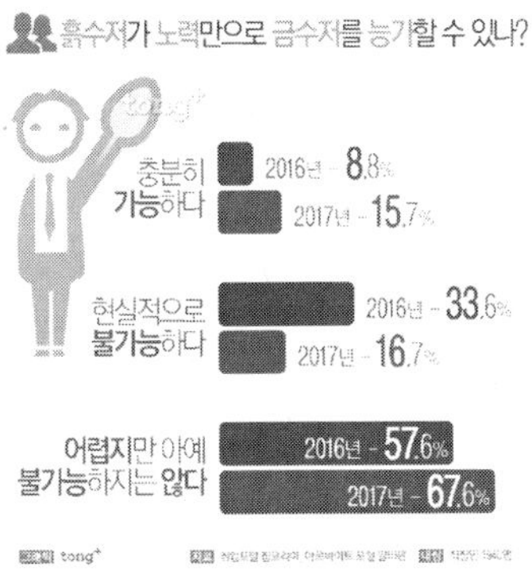

바)

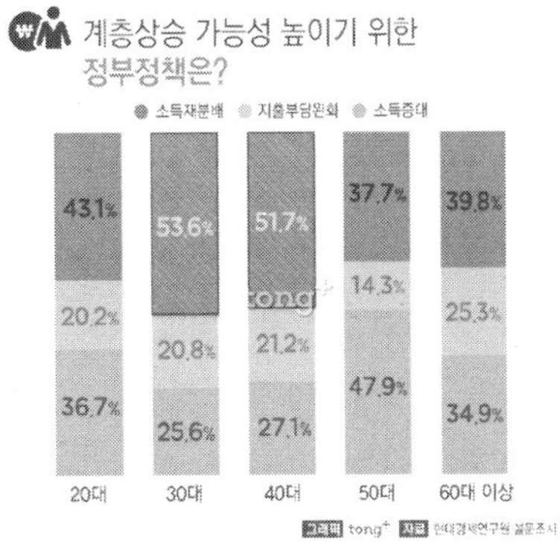

[출처 : 네이버]

바)의 통계를 보면 오늘날 우리 사회에서 계층 격차의 해결을 위한 방법으로 '소득증대'의 성장론과 '소득재분배'의 분배론이 여론상 팽팽히 갈리고 있음을 알 수 있다(소득재분배의 주장이 20~40대에서 비교적 높아졌다고 해석할 수도 있다). 장벽사회와 청년세대의 문제를 다룬 다음의 칼럼을 보자.

■ **개츠비 곡선과 장벽사회**

"한국에는 개츠비들이 너무 많아. 뭐 하는지 모르겠는데 돈은 많은 수수께끼의 저런 사람들……." 이창동 감독의 화제작 〈버닝〉의 주인공 종수의 말이다. 가난에 허덕이며 자신의 꿈을 포기하고 좌절할 수밖에 없는 종수에게 부자 청년 벤은 F. 스콧 피츠제럴드의 소설 『위대한 개츠비』의 주인공처럼 수수께끼 같은 존재다. 가난한 종수와 부유한 벤 사이에 존재하는 엄청난 격차보다 더욱 심각한 문제는 종수가 아무리 '노~력'해도 벤처럼 성공할 가능성은 극히 희박하다는 것이다.

1997년 말 IMF 외환위기 이후 중산층 붕괴와 빈부격차 심화가 급격히 진행되었고, 그 결과 불평등이 지나치게 큰 '격차사회'가 도래하였다. 근래에는 격차사회보다도 훨씬 더 심각한 '장벽사회'가 도래하고 있다. 아무리 노력해도 계층상승이 어려운 사회가 바로 장벽사회다. 장벽에 가로막힌 이 시대의 청년들은 '이생망'(이번 생은 망했다)이라고 자조하고 있다. 이러한 좌절은 청년에게 국한된 게 아니다. 현대경제연구원의 조사에 의하면 '개개인이 열심히 노력하더라도 계층상승 가능성이 낮다'고 생각하는 국민의 비중이 점차 늘어나 작년에는 무려 83.4%에 이르렀다. 경제협력개발기구(OECD)의 최근 보고서에 따르면 한국의 소득 하위 10% 가구에 속한 자녀가 중산층에 도달하기까지 5세대가 걸린다. 한 세대를 30년으로 계산하면, 무려 150년이 걸리는 셈이다.

격차사회와 장벽사회의 관계는 슘페터호텔과 개츠비곡선을 통해 알아볼 수 있다. '창조적 파괴'라는 문구로 유명한 조지프 슘페터는 불평등에 관해 다음과 같은 비유를 했다. 층수가 높을수록 방이 크고 좋은 고층 호텔이 있다고 하자. 꼭대기 층에는 소수 사람만이 호사스러운 방을 차지하고, 맨 밑바닥 층에는 수많은 이들이 작은 방에 꾸겨서 들어앉아 있다. 이것은 한 시점에서 불평등한 분배를 보여 준다. 그런데 매일 한 번씩 손님들이 방을 바꾸도록 하면 어떻게 될까? 오늘의 부자가 내일의 가난뱅이가 되기도 하고, 오늘의 가난뱅이가 내일의 부자가 되기도 할 거다. 슘페터는 이러한 계층 이동성이 충분히 존재한다면, 한 시점에서 불평등이 심한 것은 별 문제가 되지 않는다고 보았다.

장벽만 없으면 격차 자체는 큰 문제가 아니라는 슘페터의 논리는 옳다. 이때 격차는 노력을 유발하는 인센티브로서 순기능을 한다. 위층으로 올라가려는 노력들이 모여 경제발전으로 나타난다. 하지만 이 논리에 결정적 허점이 있음이 드러났다. 격차가 커질수록 장벽이 높아진다는 사실이다. 오바마의 경제자문회의 의장이던 앨런 크루거는 소득불평등과 세대 간 계층 이동성의 국제비교를 통해 이 사실을 발견하고, 이 관계를 '위대한 개츠비 곡선'이라 명명하였다.

… (중략) …

장벽이 너무 높으면 격차는 노력을 유발하기보다 자포자기를 낳는다. '3포세대' 혹은 'N포세대'라고 표현되는 청년층의 자포자기는 도전정신의 실종으로 인한 '공시족' 현상, 극심한 저출산에 따른 인구절벽 문제, 주식 단타매매나 가

상통화 등에서 보듯 세계 최고의 투기 성향 등을 낳았다. 장벽은 또한 사회적 갈등을 낳는다. 엄청난 격차와 장벽으로 가로막힌 갑과 을 사이의 갈등은 물론이고, 생존을 위해 과잉경쟁에 시달려야 하는 을과 을 사이의 갈등도 심각하다. 갈등과 경쟁이 넘쳐나는 사회 분위기 가운데서 갈수록 집단이기주의가 발호하고 있다. 이러한 장벽사회의 병리현상을 방치하고는 우리 경제의 활력을 되찾는 일도 요원할 것이다.

– 유종일, "개츠비 곡선과 장벽사회", ≪경향신문≫, 2018.07.05.

2. 깊이 들여다보기

경제에서 성장이 중요할까, 분배가 중요할까? 최근 피케티의 『21세기 자본』이 등장하면서 이 문제가 또 다시 쟁점으로 대두되고 있다. 아래의 글들을 읽고 피케티의 주장을 요약해 보자.

가)

도표 Ⅰ.1의 곡선은 1910~2010년 미국 국민소득의 계층 구조에서 상위 10%의 몫이 어떻게 달라졌는지를 표시하고 있다. 상위 10% 계층은 1910년대와 1920년대에 국민소득의 45~50%나 차지하고 있었다. 하지만 이들의 몫은 1940년대 말까지 30~35%로 줄어들었고, 1950~1970년 바로 그 수준에서 안정을 찾았다. 그 후 1980년대에는 불평등이 크게 증가해 2010년까지 상위 10%의 몫은 국민소득의 45~50% 수준으로 되돌아갔다. 그 변화의 크기는 인상적인 것이다. 얼마나 오랫동안 그 추세가 계속될지를 묻는 것은 당연하다.

도표 Ⅰ.1. 미국의 소득불평등, 1910~2010

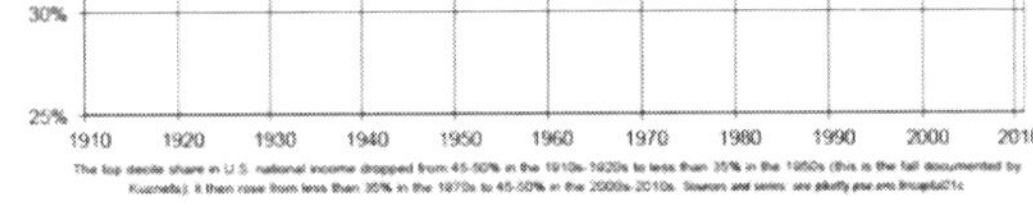

[출처 및 통계 : piketty.pse.ens.fr/capital21c]

나는 이처럼 극적인 불평등의 증가가 고액 연봉자들의 노동소득이 전례 없이 폭발적으로 늘어나고 대기업 최고위 경영자들과 나머지 인구의 격차가 참으로 크게 벌어진 사실을 반영한다는 점을 보여줄 것이다. 이에 대한 하나의 가능한 설명은 이들 최고위 경영자들의 능력과 생산성이 다른 노동자들에 비해 갑자기 높아졌다는 것이다. 내가 보기에는 더 그럴듯하고 결국 여러 증거와 훨씬 더 잘 맞는 것으로 밝혀진 또 하나의 설명은 이들 경영자가 대개 그들 자신의 보수를 결정할 힘을 갖고 있다는 것이다. 어떤 경우에는 그 보수에 아예 제한이 없으며, 많은 경우 보수가 개인적인 생산성과 뚜렷한 관련이 없다. 이러한 현상은 주로 미국에서 볼 수 있고 그 정도는 덜하지만 영국에서도 나타나는 것이다. 이 현상은 지난 세기에 두 나라에서 형성된 사회적, 조세적 규범의 역사를 가지고 설명할 수 있을 것이다. 이러한 경향은 (일본, 독일, 프랑스와 유럽 대륙의 여러 국가를 비롯해) 다른 부유한 국가들에서는 훨씬 더 제한적이지만 그 추세는 같은 방향으로 가고 있다.

– 토마 피케티, 장경덕 외 옮김, 『21세기 자본』, 문학동네, 2014.

나)

대부분의 경제학자는 왜 자유무역을 신뢰하는가? 최대의 비교우위를 얻기 위해서는 첫째로 자유시장과 경쟁시장에 근거해 가능한 한 많은 부의 생산에 집중하는 것이 가장 효과적이라고 배웠기 때문이다. 두 번째로, 투명한 조세와 소득재분배라는 방법을 통해 무역이익을 각 국가에 공평하게 분배해야 한다고 배웠기 때문이다. 학교 경제학 수업시간에 배운 바는 이렇다. 다시 말하면, 세금재분배가 효과적인 재분배다. 그리고 시장과 물가는 인위적 조작을 최소한으로 줄인 채 그냥 내버려 주어야 한다(위에서 언급한 왜곡되지 않은 '자유경쟁'). 그리고 위에서 언급한 '두 번째 과정'인 재분배를 실시해야 한다는 것이다.

이 훌륭한 설명이 다 틀린 것은 아니다. 그럼에도 이 설명은 중대한 문제점을 안고 있다. 지난 30년 동안 재화와 서비스 무역은 주로 이 논리에 따라 많이 자유화된 것이 사실이다. 하지만 두 번째 과정, 즉 세금재분배 과정의 확장은 전혀 이루어지지 않았다. 반대로 조세경쟁은 지난 10여 년간 끈기 있게 형성되어 왔던 누진세를 약화시켰다. 최고 부자들은 무역자유화와 세계화를 통해 이미 최고의 혜택을 받았음에도 불구하고 상당한 양의 감세 혜택까지 받았다. 최하

위층은 임금과 고용이 정체되어 있는 상황 속에서 사회보장분담금과 소비세의 인상을 지켜보고 있어야만 했다. 자유화에서 생기는 이익을 공평하게 나누기는 커녕, 세금재분배 과정은 불평등 효과를 가중시키는 경향을 보였다.

- 토마 피케티, 박상은 · 노만수 외 옮김, 『피케티의 新자본론』, 글항아리, 2015, 244~245쪽.

한국의 경우는 어떨까? 피케티의 분석을 활용하여 한국 경제를 진단한 다음의 글들을 읽고 옆의 친구와 이야기를 나눠 보자.

가)

첫째, 한국의 지난 20년간 소득분배의 양상을 보면 앵글로색슨계 국가들을 빼닮았다. 외환위기 이후 불평등의 심화는 누구나 인식하고 있는 문제지만, 통계청의 샘플조사에 입각한 지표는 문제의 심각성을 제대로 보여 주지 못하고 있다. 흔히 통계청이 발표하는 지니계수를 기준으로 한국의 불평등도가 OECD 중간 수준이라고 평가하는데, 이는 현실을 호도하는 것이다.

동국대학교의 김낙년 교수와 김종일 교수가 피케티와 유사한 방법으로 국세청 자료를 활용해 추정한 바에 의하면 한국의 불평등 수준은 훨씬 심각하고 OECD 국가 중 가장 나쁜 편에 속한다. 통계청이 발표한 지니계수가 0.31 언저리에 머무는 데 반해 이들의 추정에 의하면 0.37을 상회하는 것으로 나온다. 사실 OECD 국가 중 자살률과 노인 빈곤율이 최고이며, 국제노동기구(ILO) 조사에서 저임금근로자 비율이 가장 높게 나타나는 것이 한국의 현실이다. 모두 우리의 소득불평등 문제가 얼마나 심각한지 알려 주는 지표들이다.

둘째, 피케티가 강조한 것처럼 한국에서도 자본소득은 노동소득에 비해 압도적으로 더 불평등하게 분배되고 있다. 배당소득의 경우 최상위 1%와 10%가 각각 전체 배당소득의 72.1%와 93.5%를 가져가는 것으로 나타났다. 주식·펀드 투자가 대중화되면서 약 882만 명이 배당을 받았지만, 대다수 투자자들의 배당소득은 미미한 것을 알 수 있다.

만약 배당소득이 전혀 없는 사람들까지 포함해서 소득점유율을 계산하면 배당소득의 집중도는 더욱 높게 나올 것이다. 이자소득의 경우에도 최상위 1%와 10%의 몫이 각각 44.8%와 90.6%로 높은 집중도를 나타냈다. 반면 노동소득의 경우에는 각각 6.4%와 27.8%로 집중도가 훨씬 덜하다. 사업소득이 주를 이루는 종합소득에는 자본소득과 노동소득이 혼재되어 있는데, 이 집중도 또한 양자의 중간 수준을 나타낸다.

셋째, 한국의 소득분배가 악화된 원인도 부분적으로는 피케티의 분석에서 실

마리를 찾을 수 있다. 1990년대 이후 고도성장기의 종언에 따라 성장률이 자본의 수익률보다 낮아졌으며, 자본/소득 비율(β)이 상승하고 자본소득분배율(α)이 증가했다. 한국의 소득분배의 악화에는 외환위기 이후 제도와 정책의 변화도 상당한 영향을 미쳤다. 고용불안정이 심화되고 자영업이 과잉 팽창한 것이 중산층의 와해를 불러왔다. 또한 성과보상제도가 확산된 것도 임금 격차의 증가를 불러왔다. 최상위 1%로의 소득 집중의 원인은 미국의 경우와 유사하다. 한편으로는 기업이윤이 큰 폭으로 증가하면서 자본소득이 증가했고, 다른 한편으로는 부자감세가 이루어지고 사회규범이 변하면서 대기업과 금융기관 임원들의 보수가 폭증했다.

– 유종일, 「피케티는 무엇을 말하고 있나」,
유종일 외, 『피케티, 어떻게 읽을 것인가』, 한울, 2015, 128~130쪽.

나)

한국은 자산의 분배가 비교적 평등한 상황에서 고도성장을 해왔기 때문에, 국민이 재산 대부분을 자신의 노력으로 당대에 축적한 자수성가형 사회였다. … (중략) … 한국이 자수성가형 사회일 때는 신분 상승의 희망이 존재했고, 그러한 긍정적 기대감이 한국 사회의 대다수를 스스로 중산층이라고 생각하게 했다. 그러나 조사에 따르면 한국의 1인당 국민총소득(GNI)은 1988년 5000달러에서 2013년 2만 6000달러로 상승해 5배 더 부유해졌지만, 국민 중 자신이 중산층이라고 답한 비율은 1989년 75%에서 1990년 중반 42%로 줄었고, 2013년에는 20.2%로 급감했다. 2013년 조사에서 응답자들은 평균 자산 10억 원, 연봉 7000만 원 이상이 되어야 중산층이라고 답했다. 2012년 자산이 10억 원 이상인 가구는 4.2%, 연소득 7000만 원 이상은 6.5%에 지나지 않는다. 한국 사회에서 상위 4~6%에 해당하는 사람들만이 스스로를 중산층이라고 생각하고 있는 것이다.

이 조사에서는 "한국 사회가 10년 후 어떤 방향으로 변할 것인가" 하는 질문에 "중산층은 줄어들고 빈곤층은 늘어나면서 빈부격차가 심해질 것"이라는 응답은 77%를 넘는 반면, "중산층이 늘어나고 빈곤층이 점차 줄어들어 빈부격차가 완화될 것"이라는 응답은 20.1%에 지나지 않았다. 또한 희망을 가진 계층은 더 희망적이 되고, 희망을 포기한 하층은 더욱 절망적이 되고 있어 상층과 하층의 희망 격차는 더욱 벌어지고 있는 것으로 조사되었다.

계층 이동에 대한 주관적 인식은 상당한 시차를 두고 실제 현상보다 늦게 나타나는 것이 일반적이다. 그러나 이미 세대 간 계층이동에 대한 희망마저도 점차 비관적으로 바뀌고 있는 것으로 나타났다.

(표) 다음 세대 계층이동에 대한 주관적 평가(19세 이상 가구주 대상) (단위 : %)

		계	높다			낮다			모르겠다
				매우	비교적		비교적	매우	
2011년		100.0	41.7	4.0	37.7	42.9	33.4	9.6	15.4
2013년		100.0	39.9	3.6	36.3	43.7	34.0	9.8	16.4
계층 의식	상층	100.0	62.9	13.2	49.7	28.6	21.8	6.8	8.5
	중층	100.0	47.2	4.3	43.0	42.1	35.3	6.9	10.6
	하층	100.0	30.9	2.4	28.4	46.1	33.0	13.1	23.0

[자료 : 통계청, 「사회조사」]

통계청의 「사회조사」에서 "우리 사회에서 본인 세대에 비해 자녀세대의 사회경제적 지위가 높아질 가능성이 어느 정도라고 보는가?"라는 질문에 대한 응답을 보면, 계층이동에 대한 비관적 전망이 점차 확산되는 추세라는 것을 알 수 있다. 2006년도 조사에서는 가능성이 '높다'는 응답(39.9%)이 '낮다'는 응답(20.9%)보다 10.9%p 높았고, 2009년도 조사에서도 가능성이 '높다'는 응답(48.4%)이 '낮다'는 응답(20.8%)보다 17.6%p나 높게 나왔다. 그러나 2011년도 조사에서는 가능성이 '높다'는 응답(41.7%)이 '낮다'는 응답(43.0%)보다 낮아 역전 현상이 발생했으며, 2013년도 조사에서도 가능성이 '높다'는 응답은 39.9%로 감소했고, 반대로 '낮다'는 응답은 43.7%로 증가했다.

– 주상영, 「피케티 이론에 비추어본 한국의 현실」,
유종일 외, 『피케티, 어떻게 읽을 것인가』, 한울, 2015, 308~311쪽.

1) 친구 1이 친구 2에게 가)의 내용을 요약하여 설명하고 자신의 의견을 덧붙여 말해 주자.

2) 친구 2가 친구 1에게 나)의 내용을 요약하여 설명하고 자신의 의견을 덧붙여 말해 주자.

3) 친구의 설명과 견해를 듣고 생겨난 질문들을 적어 보자.

질문	

4) 친구의 질문들에 대해 답변한 후 그 내용을 적어 보자.

답변	

3. 함께 생각해 보기

아래의 가)는 피케티의 주장이고 나)는 그에 대한 비판을 드러낸 글이다. 양쪽의 시각을 확인한 후 성장과 분배의 문제에 관하여 가)를 옹호하는 쪽과 나)를 옹호하는 쪽으로 나누어 앉아 토론을 실시해 보자.

가)

질문 : 불평등을 왜 자꾸 문제 삼나요? 불평등은 성장을 촉발시켜 주기 때문에 반드시 필요합니다.

피케티 : 물론입니다. 불평등은 경제 인구의 의욕을 자극하기 위해서도, 경제 성장을 위해서도 반드시 필요하지요. 문제는 불평등이 아니라 극심한 불평등입니다. 오해를 피하기 위해 미리 말씀드리면, 전 몰락한 공산주의에 대해 털끝만큼의 향수도 느끼지 않습니다. 자본주의적인 성장을 통해서 중국이나 인도 같은 개발도상국들이 절대적 빈곤을 벗어나고 있고요. 하지만 그러한 성장을 가져다 준 자본주의 안에서도 정책에 따라 덜 불평등하고 더 불평등한 변화가 있었다는 점에 주목해야 합니다. 중국이나 인도와 달리 성장 시기의 '따라잡기'가 끝나고 저성장 국면으로 접어든 자본주의 국가들에서 특히 불평등이 심화되고 있다는 점도 함께 주목할 필요가 있고요. 1980년 이후 성장을 외치면서 부자 감세를 시행했지만, 성장은 부진했고 불평등은 심화되었습니다. 그 과정에서 낙수효과(trickle down)*에 대한 환상도 사라졌습니다.

고성장의 환상을 계속적으로 호도하기보다는 낮더라도 지속적인 성장을 계획하고 극심한 불평등은 완화시키려는 정책을 펼 때라고 생각합니다. 절대적 빈곤을 벗어나려는 노력과 함께 우리는 심화되고 있는 상대적 불평등 역시 외면할 수 없습니다. 불평등은 경제학만의 문제가 아닌 정치경제학적 사안이기 때문입니다. 이 점을 외면하고 극심한 불평등을 방치한다면, 민주주의 제도가 원활히 발현되기 어렵고 경제성장에도 방해가 될 수 있습니다. 극심한 불평등 현실에서는 내수가 촉진되기도 어렵고요. 자본주의에는 이러한 불평등을 스스로 회복시키는 동학이 보이지 않습니다. 상대적 불평등 현실에 대한 비판을 부유

층에 대한 질투심이라며 왜곡할 문제가 아닙니다. … (중략) …

질문 : 그게 정확히 어떻게 문제가 되나요? 자본주의의 영향으로 지난 30년 동안 전 세계의 수많은 사람이 절대적 빈곤을 벗어났어요.

피케티 : 저는 결코 자본주의를 부정하는 것이 아닙니다. 다만 자본주의 안에서의 변화에 주목하는 것뿐이지요. 지난 30년 동안도 자본주의였고 그 이전의 30년(1945~1975)도 자본주의였습니다. 자본주의 선진국에서 누진적 정책을 시행하여 불평등이 낮았던 1945~1975년과 비교했을 때 지난 30년 동안에는 그만한 경제성장도 제대로 이루어지지 않았기 때문에 문제가 됩니다. 수많은 사람을 절대적 빈곤으로부터 벗어나게 해주었던 성장이 이전 세대의 누진적 자본주의에서 더 높았다는 사실에 우리는 주목해야 합니다. 소련이 아닌 미국에서 말입니다. 루스벨트 대통령이 누진세율과 상속세율을 전폭적으로 높인 이후 약 50년 동안 미국은 높은 세율을 유지하면서도 성장을 구가했습니다. 미국의 자본주의가 쇠퇴하지도 않았습니다. 오히려 발전했지요. 반면 지난 30년은 세계화와 탈규제화가 진행된 시기였는데, 성장의 과실이 주로 경제엘리트층에게 돌아갔습니다. 누구를 위한 성장이었는지 되묻지 않을 수 없습니다.

– 김동진, 『피케티 패닉』, 글항아리, 2014, 28~29, 32쪽.

* 낙수 효과(trickle down)
'물방울이 아래로 떨어진다'는 의미로, 대기업의 성장을 촉진하면 중소기업과 소비자에게도 혜택이 돌아가 경제가 활성화된다는 이론. 고소득층의 소득 증대가 소비 및 투자 확대로 이어져 저소득층의 소득을 증가시킨다는 의미로도 쓰임.

나)

그러나 피케티가 주장하는 소득과 부에 대한 과도한 과세는 시민사회의 자기책임의 원칙이라는 건전한 도덕을 파괴한다. 나아가 경제 성장의 뿌리를 훼손하고, 경제적 자유와 개인의 자유를 감소시킨다. 인류 역사가 증거하듯 정부의 힘이 발흥하면 인간의 자유는 쇠퇴한다.

자유주의자들이 일관되게 주장하여 왔듯이 국가의 부는 국가의 개입과 계획이 아니라 자유와 시장에 의해 가장 잘 성장한다. 공정한 정부가 개인과 사유재산을 보호하면, 국가의 '약탈적 손'이 아니라 시장경쟁을 통한 '보이지 않는 손'이 사회적 조화와 경제적 조화를 도출한다.

정부의 온당한 역할은 개인의 자유와 사유재산을 보호하는 것이다. 정부의 힘이 증가하고 억압적 세금에 의해 사유재산의 권리가 침탈당할 때 개인의 자유는 감소한다. 정의로운 법의 지배 아래서의 평등이 '사회정의'라는 모호한 기준에 의해 대치되었다. 피케티는 불평등 감소를 명분으로 개인의 자유와 사유재산권을 침해한다. 피케티가 말하는 정의는 소득과 부를 민주적으로 침해하는 것이다. 자본주의를 민주주의가 통제하는 국가를 피케티는 '사회 국가(social state)'라고 부른다.

피케티가 지지하는 재분배 국가는 도덕을 위장한 부정의(不正義)일 뿐 아니라 경제 성장을 방해한다. 피케티처럼 자본에게 돌아가는 대가를 감소시킴으로써가 아니라 경제적 자유와 성장을 증가시킴으로써 가난한 사람들의 처지를 개선할 수 있을 것이다.

중국은 1978년 시장경제를 도입함으로써 단기간에 경제 성장을 이룩하였다. 중국은 경제 자유화를 통해 시장을 개방하여 많은 사람들에게 부자가 될 수 있는 가능성을 열어주고, 거대한 중산층의 형성을 가능하게 하였다. 소득의 불평등이 증가하였지만 국가의 권력은 감소하고, 경제적 자유와 개인의 자유가 진전됨에 따라 5억 명 이상의 인민들이 가난에서 벗어났다.

앞으로 나아갈 수 있는 기회에 대해 낙관적인 전망을 가짐으로써 중국 사람들은 자신들의 재능과 근면, 교육이 자신들이 경제적으로 나아질 수 있는 계기임을 깨닫게 되었다. 권력의 남용이나 절차적 불공정을 바로잡으려고 노력해야 한다. 그러나 분배적 정의감이나 부자에 대한 분노를 불태워서는 안 된다. 그런 사회는 발전하지 못한다.

– 신중섭, 「피케티의 『21세기 자본』에 대한 철학적 비판」, 신중섭 외, 『피케티의 『21세기 자본』 바로읽기』, 백년동안, 2014, 50~52쪽.

	가)를 옹호하는 조 (대표 2~3명)	나)를 옹호하는 조 (대표 2~3명)
주장과 근거		
상대편에 대한 반박		

4. 글 써 보기

지금까지 읽은 글들과 친구들의 토론 내용을 참조하여 향후 우리 사회의 성장과 분배 문제에 관한 자신의 견해를 세우고 칼럼 형식으로 써 보자.

Tip

■ 칼럼

칼럼(column)은 신문, 잡지 등에서 시사, 사회, 풍속 등을 촌평하는 글 또는 난을 말한다. 신문사의 논설위원 등이 쓰는 시론에 비해 각계 각 분야의 전문가가 참여하여 쓴다는 차이가 있으며 이를 기고하는 사람을 칼럼니스트 또는 기고가라고 한다. 주로 시사 문제를 다루나, 사실의 전달에 치중하는 스트레이트 기사와 달리 자신의 의견, 주장, 전망 등으로 독자를 설득하는 데 목적이 있다. 분량은 200자 원고지 5~6장 내외 정도이나 최근에는 조금 짧아지는 추세다. 칼럼을 잘 쓰기 위해서는 우선 주제와 문제의식을 선명하게 드러내야 한다. 시사적인 성격이 강한 것으로 사회적 의미를 담아야 한다. 논의의 초점을 분명하게 부각하되 새로운 시각까지를 제시하면 금상첨화다.

제 5 장

기술과 환경

인공지능과 포스트휴먼

1. 입장하기

아래 단어를 중심으로 떠오르는 생각을 자유롭게 메모해 보고, 이와 관련된 신문 기사를 찾아 제목을 기록해 보자. 기술 발전을 바라보는 신문기사의 입장은 찬성과 반대, 그리고 보류 중 어디에 가까운가?

인공지능 (A.I.), 사이보그, 자율주행 자동차, 스마트 웨어러블 기기, 알파고

기사 제목	입장

2. 깊이 들여다보기

과학기술의 발전은 인류의 삶을 비약적으로 발전시켰다. 이러한 발전이 인류를 행복으로 이끌 것인가, 반대로 불행하게 할 것인가? 다음 글은 과학기술의 발전을 둘러싸고 고민할 문제점을 설명하고 있다. 글을 읽고 친구들과 이야기를 나누어 보자.

기술이 발전하면 인간은 좀 더 행복해질까? 이것은 공장이 만들어지고 제품의 대량생산과 소비가 가능해진 근대사회에 접어든 인간이 끝없이 던지는 질문이다. 실제 기술은 우리를 편리하게 한다. 먼 곳에 있는 친구와 SNS로 텍스트 메시지뿐 아니라 영상통화를 할 수 있을 때, 산더미같이 쌓인 빨랫감을 세탁기와 건조기가 처리해 줄 때, 로봇 청소기가 집을 정리할 때, 온풍기와 냉풍기로 실내 온도조절을 할 수 있을 때, 직접 가지 않고도 인터넷에 접속해 자료를 확보할 때. 이쯤 되면 기술이 있어 편리해졌다는 말은 진리나 다름없이 느껴진다. 편리함에 익숙해진 사람이 이전으로 돌아가기란 쉽지 않다.

기술의 발전은 사람의 신체 감각과 공동체의 범위도 변화시킨다. 스마트폰 이전의 내 몸의 기능과 스마트폰을 사용한 이후의 사고방식과 인간관계는 달라지기 마련이다. 스마트폰을 통해 SNS로 소통하고 집합하면서 한국사회에서는 사회 운동이 더 적극적으로 일어났고, 정보의 질과 양이 확보되면서 정보학습의 패턴도 달라졌다.

2011년 독일에서 이야기한 '인더스트리 4.0(Industry 4.0)'은 2016년 스위스에서 열린 세계경제포럼에서 다시금 언급된다. 한국에서 이 용어는 '제4차 산업혁명'으로 번역되며 우리의 인식변화를 요구한다. 그리하여 '제4차 산업혁명'은 '인공지능'(AI : Artificial Intelligence), '포스트휴먼'(post-human), '트랜스휴먼'(transhuman)과 더불어 한국사회에서 익숙하면서도 낯선 유행이 되어 버렸다. 기존의 정보기술발전을 통한 산업혁명이 3차 혁명이라면, 제4차 산업혁명은 기존 체제를 뛰어넘는, 학습할 줄 아는 기술의 발전을 바탕으로 일어나는 산업혁명을 뜻한다. 학습할 줄 아는 인공지능은 인간의 신체경험을 이전과는 다르게 확장한다. 거리나 인체능력에서 빚어지는 물리적인 한계를 뛰어넘게 해 주는 인공지능은 기술발전이 인간의 미래상을 바꿀 수 있다고 예측하면서 나온 포스트휴먼과 트랜스휴먼이라는 용어와 함께 적극적으로 활용된다.

'인간 이후의 인간'을 뜻하는 포스트휴먼은 과학기술의 발전과 정보의 교류를 통해 새롭게 향상된(enhanced) 인간 존재로 그려진다. 철학자 닉 보스트롬(Nick Bostrom)은 포스트휴먼을 일컬어, 의료기술의 발달로 좀 더 건강해지고, 정보와 지식 습득이 쉬워 더 똑똑해지고, 생각과 의식이 더 뛰어난 존재로 언급하곤 한다. 이와 유사하게 쓰이는 용어로 트랜스휴먼이라는 용어도 쓰이고 있는데, 기술을 활용해 인간의 능력을 증강한 형태를 일컫는다. 보스턴 테러로 한쪽 다리를 잃은 무용수가 바이오닉 의족을 달고 다시 춤을 추게 된 예나, 영화 속에 등장하는 아이언맨 슈트가 그 예이다.

의학기술이 발전하면서 암, 백혈병, 에이즈 등 극복하기 어려운 질병이 점차 정복되고 있고, 로봇이 혈관질환을 수술로 해결하고 있으며 초음파로 미리 태아의 장애를 점검할 수 있게 되었다. 더 나아가 생명공학 분야에서 진행된 보조기술 연구는 절단된 신체를 일반인 수준으로 회복할 수 있을 정도로 발전하였다. 또한 증강현실을 활용해 실제 물리적인 세계에서 실험할 수 없는 작업을 진행하여 안전도를 확인하거나, 게임을 사실적으로 즐기게 한다. 이쯤 하면 4차 산업혁명이 제시하는 미래는 장밋빛으로 보일 지경이다.

그런데도 기술 발전을 염려하는 목소리가 들리는 이유는 무엇일까? 앞서 공장이 만들어지고 제품을 대량생산할 수 있게 되었다고 언급한 바 있다. 그 시절에도 이를 염려한 사람들의 반격이 있었다. 천을 생산하던 영국의 직공들이 직조공장의 기계를 부수고 불을 지른 러다이트 운동(1811~1818)이 그 예에 해당한다. 방직공들은 왜 기계를 부숴야만 했을까? 그들은 일자리를 잃는다는 즉각적인 두려움뿐 아니라, 발전된 기술이 누구의 것인지, 그 결과 발생하는 이익이 누구 중심으로 재편될 것을 알았기에 분노했다.

21세기로 돌아와 비슷한 예를 생각해보자. 인공지능이 등장하면서 일자리 창출이 어렵다는 뉴스를 한 번쯤은 들어보았을 것이다. 대한민국에서 인공지능을 떠올릴 때 가장 빨리 등장하는 것은 아마 알파고(AlphaGo)일 것이다. 이세돌 9단과의 바둑 대결에 관심을 둔 언론은 이 대결을 인류 대 기계문명의 경쟁이자 미래상으로 그려내곤 했다. 그 결과 알 수 없는 대상을 앞에 둔 두려움이 공포나 괴담(怪談)으로 변한 경우도 많은데, AI 로봇 소피아가 '인류를 말살하겠다'고 농담을 던지자 그것을 강력한 위협으로 받아들인 것을 그 예로 들 수 있다. 정부에서 제4차산업혁명과 인공지능을 언급할 때마다, 학계와 언론은 예측할 수 없는 기술의 발전과 무력해진 인간의 위기감 등을 내세우곤 한다. 특히 인공지능이 인간의 일을 대신할 수 있게 되면서 기피 업종뿐 아니라 인간의 고유 영역으로 여겨졌던 교육, 의학, 법학, 공학 등의 영역에서도 인공지능의 활용이 가능해진다고 했을 때 나오는 말은 '일자리 위협', '생존 위협' 등이다. 몇 세기 전에 일어난 러다이트 운동과 인공지능을 앞둔 현대인의 우려는 다르기만 할까?

기술과 결합한 포스트 혹은 트랜스휴먼과 스스로 학습하여 자가발전이 가능한 인공지능 앞에서, 이제 도덕적이고 생각할 줄 아는 인간의 특성만을 우위에 놓기엔 무리가 따른다. 포스트 혹은 트랜스휴먼이 구축하는 질서는 이전과는 분명 다를 것이고, 인공지능 역시 그것이 가져올 이윤을 독점하는 사람도 있을 것이다. 그리고 이 두 영역 사이에서 생겨나는 결과를 정비할 어떠한 질서나 윤리도 우리 사회에는 존재하지 않는다. 그렇기에 가치평가의 영역은 앞으로도 치열하게 고민할 부분이다.

앞서 언급한 트랜스휴먼, 포스트휴먼은 인간의 신체능력을 확장하며 생겨난다. 그렇다면 신체능력을 확장하는 기술과 자본은 누구를 중심으로 구성될 것인가? 이 기술을 제공하는 이들이 어떤 윤리로 행동할 것이고, 기술의 혜택을 받는 이들은 어떤 기준으로 선정될까? 또한 트랜스 휴먼의 활동을 어디까지 통제할 수 있을까? 일반적인 사람과 동일한 영역만큼 통제할 것인가, 아니면 더 강한 규율을 적용할 것인가? 새로운 신체능력으로 생겨난 영향력을 개인의 윤리에 맡기는 것은 안전할까?

인공지능의 경우도 마찬가지이다. 간단한 예를 들어보자. 인공지능이 빅데이

터를 참고해 작성한 정책 제안서가 있다면 이 제안서를 어디까지 신뢰할 것이고, 문제가 생겼을 경우 그 책임은 누가 져야 할까(책임귀속)? 인공지능은 어떠한 기준(가치) 아래 정책을 구성하고 예산을 작성하게 될까? 이 보고서의 지적재산권은 누구에게 있을까?

인공지능을 둘러싼 또 다른 논쟁적인 주제는 자율주행차이다. 운전능력이 없거나 부족한 사람을 대신해 생겨난 자율주행차 내부에 어떤 사회적 질서와 가치판단을 학습하게 할 것인가? 도로에 끼어 든 어린 아이나 동물 앞에서 자율주행차는 어떤 판단을 내리게 될까? 윤리적 책임을 져야 할 때 인공지능은 책임의 주인이 될 수 있는가?

그렇기에 우리는 트랜스휴먼과 인공지능 앞에서 윤리적이고 사회적인 가치판단을 재검토해야 한다. 특히 인공지능의 경우, 인공지능 자체가 의식과 자아를 갖춘 초인공지능이 되면 기술발전의 특이점에 접어들게 되면서 새로운 고민점을 낳는다.

인간의 입장에서 예측할 수도 통제할 수도 없는 새로운 영역의 출현은 인간을 인간답게 만드는 것이 무엇인지 생각할 뿐 아니라, 인공지능과 트랜스휴먼 등과 어떻게 더불어 살아가야 할 것인지 고민해야 할 때가 왔음을 알려 준다.

– 안상원, 「인공지능이 던지는 질문」, 2018.

1) 이 글을 읽고 새롭게 알게 된 용어가 있다면 그 뜻을 설명해 보자.

2) 인공지능을 사용하여 달라질 우리 삶의 예시를 생각해 보자.

3. 함께 생각해 보기

고통 없이 건강하게 영원히 사는 것을 꿈꾼 사람들은 역사 이래로 수없이 많았다. 글 가)는 영원한 삶을 추구하며 탄생한 사이보그의 예를, 나)는 인간의 판단력을 뛰어넘는 초인공지능을 다루고 있다. 이 두 글은 인간과 인간이 아닌 것의 구분이 더 이상 선명할 수 없음을 보여 준다. 나에게 있어 '인간다움'은 무엇이라고 생각하는가? 그리고 우리 사회에 필요한 '가치 학습'은 무엇일지 이야기해 보자.

가)

제임스 케머런의 영화 〈어비스(abyss)〉에 숨어 있는 또 다른 일화는 '액체 호흡' 장면이다. 수압이 높은 심해 잠수를 위해 군인들이 특수 용액을 선보이는데, 시험을 보인다며 쥐 한 마리를 용액 속에 빠뜨린다. 지켜보던 사람들은 당연히 익사할 줄 알고 기겁하지만, 쥐는 용액 속에서 한동안 발버둥치다가 차츰 호흡하며 안정을 되찾는다. 이 장면은 트릭이 아니라 실제 상황을 그대로 찍은 것이다. 심해에서는 수압 때문에 인간의 폐가 짜부라져 잠수를 할 수 없지만, 만약 폐 속이 기체가 아니라 액체로 채워져 있다면 수압의 균형이 맞아 잠수가 가능하다. 문제는 숨을 쉴 수 있는 액체가 과연 있느냐는 것이다. 〈어비스〉는 바로 그 답을 시연으로 보여준 것이다.

이 용액은 퍼플루오로데칼린(Perfluordealin)이라는 물질로서 공기 중의 농도와 비슷하거나 더 많은 비율로 산소를 품고 있다. 그런데 이 용액은 포유류의 폐 속에 들어가면 기체 상태인 공기와 마찬가지로 이산화탄소와 산소의 교환 작용이 이루어진다고 한다. 즉 숨을 쉬는 것처럼 산소를 빨아들이고 이산화탄소를 내뿜는 호흡 작용이 가능한 것이다. … (중략) … 액체 호흡을 연구하는 이유는 결국 극한 환경에서도 인간이 정상적으로 활동할 수 있는 방법을 찾기 때문이다. 그렇다면 발상을 좀 바꿔서, 인간의 몸을 환경에 맞게 개조해 버리면 어떨까. 그렇게 하려면 인간의 몸에 인공적인 장치를 더해야 할 것이다. 예를 들어 어류처럼 물속에서도 숨을 쉴 수 있는 인공 폐를 달거나, 원래 근육보다

몇 배의 힘을 낼 수 있는 기계 팔을 붙이거나, 기온이나 습도 등이 혹독해도 견딜 수 있는 나노 피부를 부착하거나 등등. 바로 이것이 인간과 기계의 결합인 사이보그다. … (중략) …

호모사피엔스는 현재의 모습이 진화의 완성형일까. 생물학적으로 우리는 장차 어떤 모습으로 진화해 갈까. 여러 시나리오가 있지만 현재 가장 유력한 것은 기계(컴퓨터)와 결합해 사이보그로 변화해 나갈 가능성이다. 그렇게 되면 더 이상 호모사피엔스가 아닌 다른 이질적인 무엇이 되겠지만, 인간의 원초적인 욕망은 그런 방향으로의 변화를 강력하게 암시하는 커다란 징조 그 자체다. 그 욕망이란 다름 아닌 생사를 초월하겠다는 의지인데, 사이보그야말로 그 의지에 가장 부합하는 것이다.

– 박상준, "인간은 사이보그로 진화할까", ≪매일경제≫, 2018.03.08.

나)

초지능 기계는 자기보다 더 우월한 초지능 기계를 만들 수 있고, 이 기계는 또 자기보다 더 뛰어난 기계를 만들 수 있다. 이렇게 해서 순식간에 '지능'의 '폭발'이 생겨난다. 인간은 할 일이 없어진다. 인간이 개미를 내려다보듯이, 초지능 기계는 인간을 내려다보면서 인간에 대해서 생각을 할 것이다. 비록 인간이 자신을 만들었지만, 인간의 존재가 자기에게 무슨 도움이 될까? 노동력이 필요하다면 인간 대신에 로봇을 만들어 사용하면 되지 않을까? 어빙 존 굿(Irving John Good)은 미래를 상상하면서, 인류의 존망은 인간이 만든 첫 초지능 기계가 인간에게 우호적인지 적대적인지에 달려 있다고 봤다.
… (중략) …

초지능은 모든 결정의 효용을 최대화하는 방식으로 작동하기 때문에 인간을 행복하게 해 달라고 요청하면 모든 인간의 두뇌에 전기봉을 꽂아 행복을 느끼는 뇌 영역을 자극하는 방법을 택할 수도 있다. 초지능은 자신의 보존을 위해서라면 지구 모든 생명체의 목숨을 앗아갈 수도 있고, 인류 대신에 로봇을 만들어서 일을 시키는 결정을 할 수도 있다. … (중략) …

결국 닉 보스트롬이 본 유일한 방법은 '가치학습'이다. 이것은 A.I. 스스로 적절한 가치체계를 발견하도록 하는 간접적 발견법이다. 즉 초지능 A.I.가 가진 높은 지능을 이용해서 우리가 추구하는 가치를 스스로 학습시키는 방법이다. 이런 '가치 정렬'을 통해서 초지능은 인간이 가진 가치를 높게 평가하고, 인간과 호혜적인 관계를 맺고 살아갈 수 있다는 것이 그의 해법이다.

– 홍성욱, "인간 위협 우려 초지능 A.I.를 막을 방법은?", ≪머니투데이≫, 2018.03.17.

4. 글 써 보기

아래의 카드뉴스 작성 팁과 예시를 참고하여 기술발전으로 생겨난 인공지능과 포스트휴먼의 가치학습 방향을 제안하는 10매 내외의 카드뉴스를 구성해 보자.

Tip

■ **카드뉴스**

'카드뉴스'는 신문기사나 정규 뉴스 방송을 줄글로 전달하는 대신 사진, 영상 등의 시각자료와 함께 여러 화면으로 분할해 전달하는 뉴스 형식을 일컫는다. 카드뉴스는 전달하려는 주제를 쉽게 이해하게 도와주며, 주제 또한 다양하다. 쉽고 익숙한 주제보다 낯선 주제, 통계나 사진자료가 필요한 자료를 설명할 때 유용하게 쓰인다. 주어진 정보를 중심문장과 뒷받침문장으로 구성된 문단 중심으로 전달하는 대신, 2~3줄의 문장을 한 화면으로 구성하기 때문에 시각자료와 글의 내용의 연관성이 중요하다.

■ 카드뉴스 예시

1

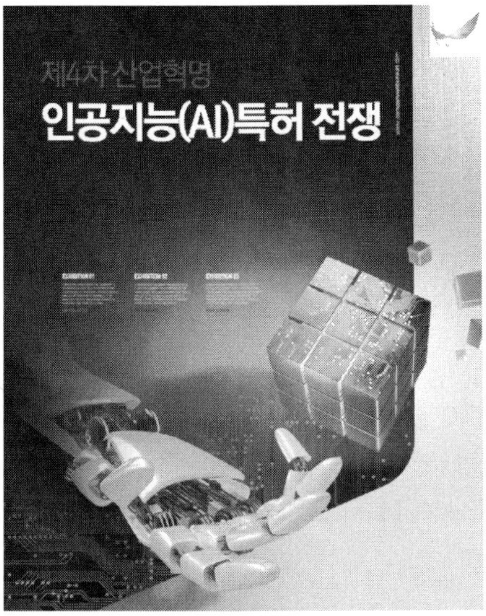
제4차 산업혁명
인공지능(AI)특허 전쟁

2

2005년 이후 세계 주요국에 출원 된 인공지능(AI) 관련 특허는
누적 6만건을 넘었습니다.
전세계 기업과 대학, 연구기관이 앞다퉈 연구개발에 나서면서
치열한 선두 다툼을 벌이고 있기 때문이죠.
세계 인공지능(AI) 관련 특허
6만건

3

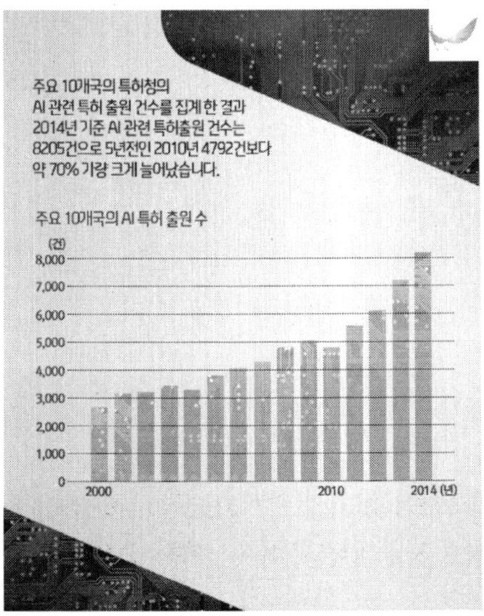
주요 10개국의 특허청의
AI 관련 특허 출원 건수를 집계 한 결과
2014년 기준 AI 관련 특허출원 건수는
8205건으로 5년전인 2010년 4792건보다
약 70% 가량 크게 늘어났습니다.
주요 10개국의 AI 특허 출원 수
(건)
8,000
7,000
6,000
5,000
4,000
3,000
2,000
1,000
0
2000
2010
2014 (년)

4

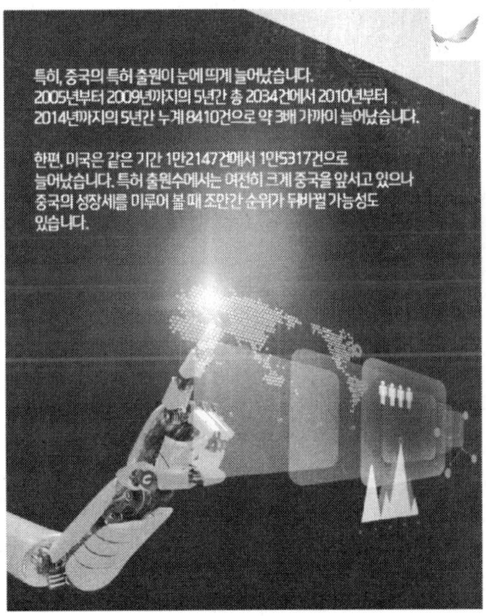
특히, 중국의 특허 출원이 눈에 띄게 늘어났습니다.
2005년부터 2009년까지의 5년간 총 2034건에서 2010년부터
2014년까지의 5년간 누계 8410건으로 약 3배 가까이 늘어났습니다.
한편, 미국은 같은 기간 1만2147건에서 1만5317건으로
늘어났습니다. 특허 출원수에서는 여전히 크게 중국을 앞서고 있으나
중국의 성장세를 미루어 볼 때 조만간 순위가 뒤바뀔 가능성도
있습니다.

5

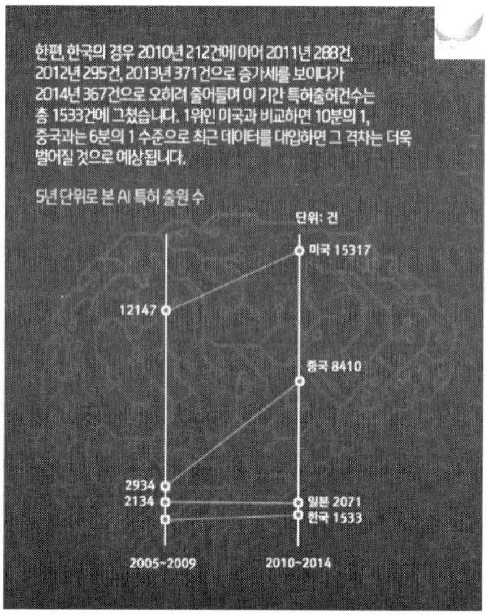

6

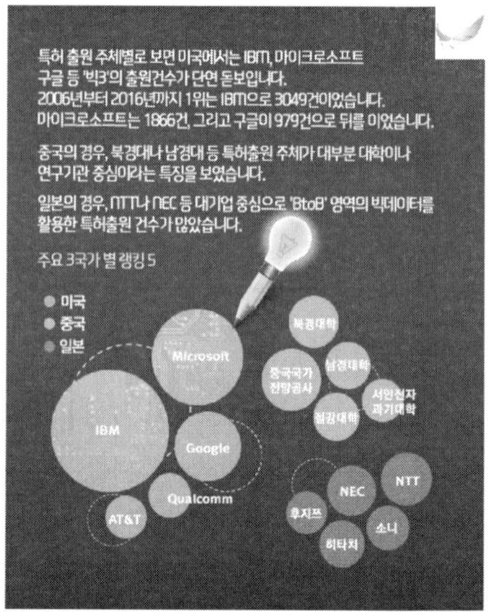

7

[출처 : 이미지=게티이미지뱅크 / 자료=아스타뮤제]
– 김승종, “세계는 지금 인공지능(AI) 특허 전쟁 중”, ≪프레스맨≫, 2017.02.28.

제 5 장

기술과 환경

환경과 윤리

1. 입장하기

아래는 MBC 다큐멘터리 〈남극의 눈물〉의 일부 장면이다. 남극 펭귄들의 생태를 다룬 해당 자료를 보고 환경오염의 문제성을 드러내는 뉴스 헤드라인을 만들어 보자.

[출처 : MBC 홈페이지]

2. 깊이 들여다보기

개인과 집단, 환경오염은 어느 쪽의 영향력이 더 클까? 아래 글은 환경오염의 원인을 개인과 집단의 이분법으로 나누어 생각할 수 없음을 보여 준다. 글을 읽고 저자들이 공통적으로 이야기하는 바는 무엇인가를 함께 이야기해 보자.

가)

예를 들어 별다른 주의 없이 멋진 곳을 개방해 관광객을 맞이하면, 시간이 지날수록 어쩔 수 없이 훼손된다. … (중략) … 열악한 지대에 거대 호텔이 들어오면 과도한 개발로 피해를 겪을 수도 있다. 우리는 호텔이 골프장 관리나 수영장 물을 채우기 위해 지역 주민의 식수(또는 농업용수)를 서슴없이 끊어버리는 이야기를 귀 따갑게 들었다! 또는 유독 쓰레기를 파렴치하게 자연에 버리기도 한다. 관광객 유치에 필요한 도로나 항공 같은 시설은 국가 세금으로 건설되지만, 대부분의 납세자는 먹고살기 바쁜 사람들로 어떤 혜택도 받지 못한다.

하지만 안타깝게도 관광업 주체들은 이러한 폐해를 이해하려 하지 않는다. 개인 이익을 전체 이익보다 우선시하기 때문이다. 사람들은 멋진 자연 경관, 문화유산, 색다른 사람들을 발견하기 위해 여행을 떠난다. 그런데 우리를 여행으로 이끄는 이러한 기본적인 대상들이 사라진다면 관광은 존재 이유를 잃게 될 것이다.

– 리오넬 오귀스트 · 올리비에 프뤼쇼 · 토마 가이, 고정아 옮김,
『에코토이, 지구를 인터뷰하다』, 효형, 2006, 212쪽.

나)

콜탄을 정련하면 나오는 금속분말 탄탈륨은 핸드폰을 만들 때 없어서는 안 되는 중요한 소재이다. 탄탈륨 커페시터라고 하는 이 소재는 전기에너지의 저장 능력이 뛰어난 탄탈륨의 성질을 이용해서 휴대폰 내부 회로에 일정한 전압을 유지할 수 있도록 조절한다. … (중략) … 콜탄 채굴 광산에서 일하는 인부들에게 주어지는 장비는 삽 한 자루뿐이다. 그밖에 사고를 예방할 아무런 장비도 갖추어져 있지 않다. 2001년에는 갱도 붕괴 사고로 인부 100여 명이 사망했다. 그런데도 콜탄 값이 수십 배나 뛰는 걸 목격한 농부들은 농사짓던 땅을 버리고 일확천금을 꿈꾸며 광산으로 모여들고 있다. 그러나 아무리 뼈 빠지게 일해도 그들에게 돌아가는 몫은 쥐꼬리만한 일당뿐이다. 힘 있는 중개상들이 막대한 이윤을 가로채고 있기 때문이다.

콜탄은 광부들을 착취하고 있을 뿐만 아니라 콩고 동부에 있는 세계문화유산 카후지 비에가 국립공원도 파괴하고 있다. 광부들은 에코나무의 껍질을 벗기고 줄기에 홈통을 만든 뒤, 이것을 이용하여 진흙에서 콜탄을 골라내고 있다. 휴화산 2개로 둘러싸인 채 장관을 이루었던 공원의 숲은 이 작업 때문에 황폐해졌다.

카후지 비에가 국립공원은 지구상에 남아 있는 고릴라의 마지막 서식지이다. 긴팔원숭이, 오랑우탕, 침팬지와 함께 사람과 닮은꼴인 유인원에 속하는 고릴라는 전세계에서 심각한 멸종위기를 맞고 있다. 그런데 이곳에 엄청난 양의 콜탄이 묻혀 있다는 소식을 듣고 몰려든 수만 명의 사람들은 먹을 것을 구하기 위해 산속에 있는 야생동물들을 마구잡이로 사냥해 버렸다. 그나마 얼마 남지 않은 고릴라들은 사람을 피해 도망 다니는 처량한 신세가 되고 말았다.

– 박경화, 『고릴라는 핸드폰을 미워해』, 북센스, 2006, 25~26쪽.

3. 함께 생각해 보기

환경오염은 지금 당장 우리에게 영향을 줄 뿐 아니라 그 결과가 장기적으로 유지된다는 점에서 문제적이다. 가)는 레이첼 카슨의 저서 『침묵의 봄』에서 언급한 살충제의 영향력을 인용한 글이다. 나)는 이를 반박하며 쓴 『환경과 빈부의 두 세계』이다. 두 글을 읽고 경제 및 기술발전과 환경보호라는 쟁점을 바라보는 나의 시각을 이야기해 보자.

가)

지하수와 지표수가 살충제와 다른 화학물질에 오염되었기 때문에 발암물질까지도 공공용수에 섞여 들어갔다. 미국 국립암연구소의 W.C. 휴퍼 박사는 다음과 같이 경고했다. "앞으로는 오염된 물을 마셔 암에 걸리는 일이 점점 더 증가할 것이다." 1950년대 초 네덜란드에서 발표된 한 연구는 오염된 상수원이 암을 일으킨다는 주장을 뒷받침해 준다. 강에서 식수를 공급받는 도시들은 우물처럼 오염이 덜한 수원에서 물을 공급받는 도시들보다 암으로 인한 사망률이 더 높았다. 가장 널리 알려진 발암물질인 비소가 수질오염을 일으켜 암을 광범위하게 퍼뜨린 역사적 사례가 두 건 있다. 한 건은 광산의 광물 찌꺼기에 포함된 비소였고, 또 다른 한 건은 비소 함량이 높은 암석이 문제를 일으킨 경우였다. 비소 성분의 살충제를 과다 사용할 경우 이런 일이 되풀이될 수 있다. 살충제가 뿌려진 토양에 비소가 남아 있다가 비가 내리면 이 비소 성분이 씻겨 내려가 땅속을 흐르는 지하수뿐 아니라 시냇물, 강, 저수지 등으로 이동하게 된다.

여기서 우리는 자연을 구성하는 요소들은 그 어떤 것도 독자적으로 존재하지 않는다는 점을 기억해야 할 것이다.

– 레이첼 카슨, 김은령 옮김, 『침묵의 봄』, 에코리브르, 2011, 75~76쪽.

나)

문제가 되는 경우도 물론 있다. 개발도상국의 현지 관리자가 허술한 환경 규제를 악용하여 별로 경비 절약이 되지 않는데도 공장이 강과 하늘과 들판을 오염시키도록 방치하는 사례가 있다. 많은 기업이 서로 치열한 경쟁을 벌이는 시장에서 그러한 불법 행위가 전혀 예상되지 않는 것은 아니지만, 그것은 도덕적인 측면에서도 용서받을 수 없을 뿐만 아니라 근시안적이고 열등한 기업 행위이기 때문에라도 용서받을 수 없다. 이런 상황에서 도덕과 경제가 출동할 때, 이 투명한 세상에서 도덕과 경제의 힘은 앞으로 점점 같은 방향을 향해 나아갈 것이라는 사실을 인식하고 불법을 자제해야 한다. 개발도상국의 임금이 부유한 국가들보다 낮을지라도, 개발도상국의 제조 시설은 수백만 가정에 직장과 안정된 생활을 보장해 주며, 많은 경우 그들의 생활수준을 그 지역에서 오랫동안 지속됐던 평균적인 생활수준 이상으로 올려놓는다. 가난에서 벗어나는 긴 여정에서 첫 번째 단계는 먹을 것을 해결하는 것이고, 그 다음 단계에 환경을 생각하는 것이다.

경제발전도 환경개선도 하루아침에 이루어지지 않는다. 제2차 세계대전 이후 선진산업국이 환경기준을 세우고 시행하는 데 많은 어려움을 겪으면서 지금까지 오는 데 40여 년이 걸렸다는 것을 기억해야 한다. 지금의 환경 상태는 많이 개선된 정도이며 물론 완벽하지는 않다. 세계 수준의 기업 경영자들이 일한다 하더라도 그곳의 환경기준이 갑자기 선진국과 비슷해질 것으로 기대하는 것은 현실성이 없다. 개발도상국 사람들이 오늘날 선진국에서 보장되는 환경 수준을 요구할 수 있는 정치적 의지와 경제적 수단을 가지려면 먼저 가난에서 벗어나야 하고 개인의 자유가 충분히 보장되어야 한다.

– 잭 홀랜드, 박석순 옮김, 『환경과 빈부의 두 세계』,
어문학사, 2017, 223쪽.

4. 글 써 보기

개발도상국의 환경개발을 둘러싼 각국의 갈등을 조사해 보고, 이를 다룬 시론을 아래의 시론 예시를 참고하여 작성해 보자.

■ 시론 예시

미래학자 앨빈 토플러는 문맹의 의미를 새롭게 정의했다. "21세기 문맹은 읽고 쓸 줄 모르는 사람이 아니라 배우고, 배운 걸 잊고, 다시 배울 줄 모르는 사람"이라며 평생학습을 강조한 것이다. 4차 산업혁명의 격랑을 헤쳐 나가기 위해 인간이 할 수 있는 가장 가치 있는 행위는 학습이다. 배우고 익히면 즐겁기 때문이 아니라 변화의 속도를 따라잡으며 변화를 선도할 수 있는 유일한 방법이기 때문이다.

4차 산업혁명 시대 대학의 역할에 대한 치열한 고민이 이뤄지고 있다. 변화를 어떻게 준비할지, 대학교육 과정과 교수학습법은 어떻게 바꿀지 등의 전략은 매우 중요하다. 하지만 그보다 더 중요한 것이 있다. 바로 사람이다. 경영의 귀재였던 GE의 전 CEO 잭 웰치는 "사람이 우선이고 전략은 그 다음"이라고 말했다. 전략이 훌륭해도 사람이 준비되지 않으면 아무것도 이룰 수 없고, 전략이 다소 부진해도 사람이 훌륭하면 충분히 난관을 헤쳐나갈 수 있다. 사람을 기르는 교육에서는 가르치는 사람의 역할이 절대적이다. 교육의 질은 결코 교사의 질을 넘어설 수 없는 법이다. 『교사학습공동체』의 저자들은 20세기와 21세기 교육개혁의 가장 큰 차이점은 20세기 교육개혁은 모든 교육의 문제의 근원을 교원으로 봤지만 21세기 교육개혁은 교원을 교육문제의 해결점으로 보고 있다는 것이라고 강조한다. 교원혁신이야말로 교육혁신의 출발점이다. 대학도 마찬가지다. 그럴듯한 대학교육 혁신 전략보다 대학교수들이 역량을 갖추고 스스로 혁신하는 것이 최우선이다. 대학생들이 우스갯소리로 "금방 임용된 젊은 교수는 아는 것, 모르는 것 닥치는 대로 공부해서 가르치고, 좀 이력이 붙으면 아는 것만 가르치고, 나이가 들면 생각나는 것만 가르친다"고 하는 것을 들은 적이 있다. 물론 극소수에 불과하겠지만 4차 산업혁명 시대에는 이래서는 안 된다. 젊은 교수든 나이 든 교수든 모두 배우고, 배운 걸 잊고, 새로 배우기를 계속하고 즐겨야 한다.

2500년 전 공자는 '생이지지자상야, 학이지지자차야, 곤이학지우기차야, 곤이불학 민사위하의(生而知之者上也, 學而知之者次也, 困而學之又其次也, 困而不學, 民斯爲下矣)'라고 가르쳤다. 그 뜻인 즉 '나면서부터 아는 자가 최상이고, 배워서 아는 자는 그 다음이며, 곤경에 처해서 배우는 자는 또 그 다음이고, 곤경에 처해도 배우지 않는 자는 최하'라는 것이다. 4차 산업혁명 시대에 꼭 새겨야 할 가르침이다. 나면서부터 저절로 아는 사람은 없다. 배워서 아는 '학이지지(學而知之)'가 바람직하다. 곤경에 처해야만 배우거나 곤경에 처해도 배우지 않으면 변화의 흐름에서 도태될 수밖에 없다. 대학은 '학이지지(學而知之)'의 요람이자 지식의 최전선이다. 대학에서의 배움은 시대를 선도하는 지식과 기술, 근본적 성찰이어야 한다. 미래를 보려거든 고개를 들어 대학을 보면 되는, 그런 사회가 올바른 사회다. 대학의 운명은 스스로의 선택에 달려있다. 트렌드를 읽고 스스로 혁신해 변화를 선도하는 대학, 변화의 흐름에 떠밀려 마지못해 변화를 선택하는 대학, 변화의 흐름에도 불구하고 변화하지 않는 대학 중 어떤 대학이 돼야 할까.

교수와 학생 관계 변화도 필요하다. 교수는 가르치고 학생은 배우는 일방적 관계에서 탈피해 교수와 학생이 서로에게서 배우고, 함께 공동학습을 하는 생산적 관계로 바뀌어야 한다. 교수든 학생이든 끊임없이 배우고 지식을 업데이트하는 것이 4차 산업혁명 시대의 학습법이다. 대학교수는 최첨단 글로벌 지식을 배우고 익히고 스스로 만들어 학생은 물론이고 사회와도 나눠야 하는 책임을 갖고 있다. 새로운 생각, 제안, 혁신적 아이디어는 대학에서 먼저 나와야 한다. 토플러는 『부의 미래』에서 변화의 속도가 가장 빠른 건 사기업이라고 썼다. 가령 사기업의 변화 속도가 시속 100마일이라면 NGO는 90마일, 가족은 60마일, 노동조합은 30마일, 정부 관료조직은 25마일이며 학교는 10마일에 불과하다. 1마일의 법, 5마일의 국제기구보다는 빠르지만 변화 속도가 최하위권이다. 교육이 제 역할을 하려면 속도감 있는 변화, 누구나 체감 가능한 변화가 필요하다. 지금처럼 대학교육이 기업이나 사회의 변화에도 뒤처진다면 대학은 더 이상 존재의 이유가 없다.

– 최연구, "4차 산업혁명 시대, 대학의 존재이유", ≪한국대학신문≫, 2018.07.15.

| 제3부 |

세상으로 나아가는 글쓰기

소논문 작성

1. 소논문의 개념

학술논문은 어떤 문제나 현상에 대해 분석하고 조사한 결과를 논리적인 근거를 바탕으로 증명한 주장의 글이다. 학술논문은 주장과 그 주장에 대해 합리적이고 구체적인 근거가 뒷받침된 글로 학문 발전에 기여한다.

반면 소논문은 본격적인 학술논문의 형식을 갖추되 그보다 분량이 적은 글이다. 소논문은 주로 대학에서 대학생들이 쓰는 학술적인 글로 독창적인 문제의식과 그 문제를 해결할 수 있는 구체적인 근거로 자신의 문제를 입증한다.

대학에서 쓰는 많은 종류의 글은 과제 형식에 대한 별도의 공지가 없는 한 소논문의 형식을 갖춰 제출해야 한다.

2. 소논문 작성의 원칙

1) 자신으로부터 찾는 문제의식

소논문은 자신의 주장을 논리적으로 증명하는 글이므로 자신의 주장이 명확해야 한다. 이를 위해서는 자신이 무엇을 주장하고 싶은지 스스로 자신에게 질문하고 그 질문을 심화해 나가야 한다. 나만의 관점으로, 나만의 눈높이로 문제를 발견하고 그 문제를 심화해서 나만의 문제가 아니라 사회적 문제로 확장할 수 있어야 한다.

좋은 사례	1. 나는 왜 대부분의 시간을 게임에 투자하는가? 내가 게임을 좋아하는 이유는 나의 나태함이 아니라 게임 그 자체의 선명한 매력이 있는 것이다. 게임의 매력이 무엇일지 분석해 보자.
	2. 혼밥 횟수가 늘었지만 실제 혼밥할 때 먹는 메뉴는 제한적이다. 메뉴가 제한적인 이유는 내가 간편한 음식을 선호해서이기도 하지만 여전히 많은 식당이 2인분 이상만 주문할 수 있기 때문이다. 1인 가구 비율이 증가하는 현실을 반영하지 못한 혼밥 문화 문제를 다각도에서 접근해 해결하고자 한다.

2) 새롭고 신선한 주제 의식

소논문 주제의 핵심은 창의성과 독창성이다. 나만의 문제의식에 근거하기 때문에 천편일률적인 주제, 상식적인 주제에서 벗어나야 한다. 지나치게 당위적인 주장이나 식상한 문제의식은 피해야 한다. 이를 위해서는 자신만의 문제의식을 가져야 한다. 자신만의 문제이기 때문에 자연스럽게 상식적인 주제에서 벗어날 수 있다.

아쉬운 사례	1. SNS는 장점도 있고 단점도 있다. 2. 매일 30분 운동은 건강에 도움이 된다.

3) 증명 가능한 주제 선정

신선하고 새로운 주제를 강조하다 보면 자칫 무리한 주제를 선정하기도 한다. 그렇지만 소논문은 주장에 대한 구체적이고 논리적인 근거를 필수로 한다. 그러므로 아무리 주제가 신선하다고 해도 그 주제를 증명하거나 해결할 수 없다면 그 주제로 글을 작성할 수 없다. 따라서 소박하더라도 자신의 시각을 바탕으로 분석하거나 증명할 수 있는 주제를 선택해야 한다.

아쉬운 사례	1. 우리 학교 CC들은 학생식당보다 푸코를 더 선호한다. 2. 화성에는 생명체가 살고 있다.

4) 철저하고 정확한 인용

자신의 주장을 증명하기 위해서는 반드시 논리적이고 구체적인 근거가 뒷받침되어야 한다. 논리적이고 구체적인 근거는 자신의 생각이나 느낌과 같은 주관이 아니라 전문가가 쓴 도서, 논문 등과 같은 객관적인 자료를 바탕으로 해야 한다. 객관적인 자료를 근거로 삼았다면 반드시 인용 사실을 밝혀야 한다. 인용으로 객관성과 논리성을 확보하면서 타인의 논리와 주장을 도용하지 않는 윤리적인 글쓰기를 할 수 있다.

5) 논리적이고 논증적인 글쓰기 전개

소논문은 나로부터 시작한 문제의식이라는 주관에서 출발하지만 논리적인 근거와 증명이라는 객관을 바탕으로 전개해야 하기 때문에 경어 사용이나 주관적 표현 등을 피해야 한다. 논리적인 전개를 위해서는 자신의 주장을 증명한 객관적인 자료를 수집하고 이를 적절하게 글에 녹여내야 한다.

3. 소논문 작성의 과정

1) 주제 선정 및 주제문 작성

주제는 자신으로부터 찾되 그 주제의 범위를 좁혀야 한다. 주제 선정을 위해 브레인스토밍과 같이 자신의 생각을 발산하는 방식으로 자신의 문제의식을 구체적으로 찾되 그 생각이 확장되거나 발산되지 않도록 주의해야 한다. 소논문을 작성하기 위해서는 점점 그 주제의식이 좁아져야 하기 때문이다.

문제의식이 좁혀진 다음에는 구체적으로 자신이 어떤 질문이 있으며 그 질문에 어떤 해답을 잠정적으로 가지고 있는지를 드러내는 주제문을 작성해야 한다. 분명한 주제문이 있어야 글이나 발표를 할 수 있으므로 한 문장의 주제문을 작성하도록 한다.

2) 자료 조사

주제 선정이 완료되면 그 문제를 해결할 수 있는 근거 자료를 찾아야 한다. 자료 조사는 학교 도서관을 통해 주제와 관련한 키워드 검색으로 찾되 도서와 논문을 우선으로 한다. 자료를 찾은 후에는 추후 인용과 참고문헌으로 활용하기 위해 서지 정보를 중심으로 요약, 정리하도록 한다.

3) 개요(목차) 작성 및 제목 만들기

주제를 선정하고 그 주제를 직관적으로 표현해 낸 주제문을 작성한 후에는 주제문을 잘 구현해 낸 개요를 작성해야 한다. 개요는 전체 글의 주장과 그 근거를 시각화한 것으로 글의 목차만으로도 글의 내용을 유추할 수 있도록 구성해야 한다.

논리적 흐름이 반영된 개요로 곧 원고를 작성하므로 개요는 직관적이어야 한다. 개요는 서론-본론-결론이라는 세 부분의 논리적 흐름을 갖추되 실제 목차를 작성할 때는 최소 4장 이상으로 구성하도록 한다.

목차를 작성할 때는 서론-본론-결론을 드러내는 장 제목과 함께 반드시 참고문헌(참고자료)도 기입해야 한다. 글을 쓰면서 참고한 문헌이나 신문, 이미지 등과 같은 자료를 인용한 리스트를 목차에 꼭 표시해 주어야 한다.

개요는 주제문을 충실히 반영하도록 하며 주제문과 개요를 충분히 고려해서 전체 글의 제목에 반영해야 한다. 글이 완성돼 제출할 때까지 고민하고 수정하는 부분이 바로 목차의 어휘와 글의 제목이다. 그만큼 목차와 글은 독자가 글을 대할 때 느끼는 첫인상이므로 마지막까지 고민해서 완성도를 높여야 한다.

4) 원고 작성

본격적인 원고 작성은 개요를 바탕으로 이루어져야 한다. 주관적인 표현이나 격식체, 감정적인 어투, 비속어 · 은어 등은 피해야 한다. 실제 원고를 작성할 때는 서론-본론-결론이라는 형식에 맞는 내용으로 구성하고 본문은 최소 2장 이상으로 구성하도록 한다. 또한 본문의 각 장은 비슷한 분량으로 작성토록 한다. 또한 서론과 결론에 맞게 글을 작성하도록 한다.

5) 원고 수정

초고가 완성되었다고 해서 전체 글이 완료된 것은 아니다. 초고는 초고이기 때문에 필히 글을 다듬어서 완성도를 높여야 한다. 원고를 수정할 때는 글의 주제가 잘 드러났는지 그 주제를 목차와 제목이 잘 표현하고 있는지 확인해야 한다. 글의 논리적 흐름이 타당한지도 점검해야 하며 각 항목별 분량이 적절한지도 확인해야 한다. 또한 잘못된 어휘, 표현, 문장이 없는지 점검해야 하며 정확한 인용을 했는지도 확인해야 한다.

4. 소논문 작성의 실제

1) 표지

표지는 글에 대한 첫 인상을 좌우하므로 형식을 갖춰 작성해야 한다. 표지는 이 글의 주제를 선명하게 드러낼 수 있는 제목뿐만 아니라 교과목에 대한 정보와 작성자에 대한 정보 그리고 제출일을 빼 놓지 않고 표기해야 한다.

제목

교과목명:

담당 교수:

학생 이름: (학과 학번 이름 순)

제출일:

2) 기본 형식

소논문은 처음에 표지 그 다음으로는 '목차-본문-참고문헌(참고자료)'으로 구성한다. 목차는 4장 이상으로 구성하고 본문은 객관적인 자료를 인용한 각주를 표시하도록 한다. 아울러 인용 자료를 목록화한 참고문헌을 결론 이후에 첨부하도록 한다.

3) 서론 쓰기

서론은 전체 글에 대해 소개를 하는 글이다. 서론에는 내가 어떤 문제의식으로 글을 쓰게 된 것인지 그 배경을 밝혀야 한다. 글의 문제의식은 내가 의식한 독자의 흥미와 호기심을 유발하도록 구체적인 현상이나 에피소드를 소개하면 좋다. 또한 내가 발견한 대상이 무엇이며 어떤 문제의식을 바탕으로 글을 전개할지도 밝혀야 한다. 그리고 이후 본문의 전개 방식과 전개 내용에 대한 소개도 빼 놓지 않아야 한다. 이때 이 글을 통해 전하고자 하는 글의 결론, 주제문을 명시해야 한다. 따라서 좋은 서론은 글의 목적, 글의 주장(결론), 주장의 근거, 글의 전개 방향 등이 모두 드러나야 한다.

다음은 학생의 서론 쓰기 예이다. 학생은 다음 글에서 우리나라의 대표적인 한류 문화 콘텐츠인 K-POP을 독특한 시각으로 바라보고 있다. K-POP의 놀라운 성과에 감춰진 여성 아이돌의 '성 상품화' 문제를 비판적으로 바라보고 있다. 이를 위해 필자는 K-POP 속의 성 상품화의 사례를 소개하고 그 원인을 분석하고 있다. 그리고 이에 대한 해결방안을 찾고자 하는 필자의 의도를 서론에 드러내고 있다.

다만 이 글의 궁극적인 목표가 K-POP 속의 성 상품화 문제를 해결하는 것이기 때문에 그 구체적인 해결책을 서론 마지막 문장에 기술하는 것이 더 좋다. 이에 서론의 맨 마지막 문장을 "이 글에서는 K-POP 성 상품화를 중심으로 성 상품화의 사례를 살펴보고 그 원인을 찾아 볼 것이며 원인을 바탕으로 올바른 성교육 실시, 성 상품화에 대한 처벌 강화 그리고 공익광고를 통한 인식 전환을 그 해결 방안으로 제시하고자 한다."라고 기술하는 것이 더 좋다.

> 문화가 상품이 된 세상, 우리는 문화가 곧 경쟁력이 되는 새로운 패러다임의 시대를 맞이하고 있다. 세계무대에서 대한민국은 'K-POP, 드라마, 게임 등 다양한 문화콘텐츠를 상품화하며 한류'로 주목받고 있다. 그 중에서도 K-POP은 전 세계에 한류 열풍을 주도하며 대한민국 대표적 문화의 아이콘으로 자리매김해 세계의 음악 역사의 한 획을 그었다. 하지만 K-POP을 이끄는 아이돌 그룹은 보통 나이가 어리다. 어렸을 때부터 소속사에 들어가 연습생을 지내며 데뷔해도 빛을 보지 못하고 해체되는 경우가 대부분이다. 더 나아가 미성년자의 노동 착취와 걸 그룹을 중심으로 한 선정적인 안무, 노골적인 가사가 사회적 문제로 비화되고 있으며, 이에 따라 K-POP의 성 상품화 우려까지 제기되고 있는 실정이다. <u>이에 이 글에서는 K-POP 성 상품화를 중심으로 성 상품화의 사례를 살펴보고 그 원인을 찾아 볼 것이며 원인을 바탕으로 문제를 해결할 방안을 분석해 보고자 한다.</u> (학생 글)

다음은 또 다른 학생의 서론 쓰기 예이다. 학생은 다음 글에서 한 사람을 위한 1인분 메뉴를 판매하지 않는 우리나라 식당의 문제를 비판하면서 이를 해결하기 위한 방안을 제시하고자 했다. 이를 위해 서론에서는 식당에서 거절당한 혼밥족들의 공감을 불러일으키면서 서론을 통해 혼밥족의 원활한 식당 이용을 위한 방안을 제시하고자 한 의도를 잘 드러내고 있으며 그 문제를 해결하기 위한 대안 역시 직접적으로 잘 제시하고 있다. 또한 신문기사를 통해 독자의 흥미를 유발하고 있으며 이를 논문 인용으로 뒷받침하고 그 인용 정보를 표시함으로써 논리성을 자연스럽게 확보하고 있다.

> 당신은 혼자서 밥을 먹으러 식당에 갔다가 식당에 들어가지도 못하고 그냥 돌아온 적이 있는가? 혼자 지내는 시간이 많은 혼족이라면 누구나 한 번쯤 그런 경험이 있을지도 모른다. 혼자 온 손님이 자리를 차지하는 것이 아까워 아예 자리를 내주지 않는 식당부터 1인분은 판매하지 않는다는 식당까지 혼밥족 또한 손님임에도 불구하고 몇몇 식당에서는 환영받지 못하는 분위기다. 국내 여행지의 식당에서 혼자 왔다는 이유로 거절당한 직장인 김모 씨는 "혼자 여행 오는 사람도 많은데 1인 식사가 안되는 이유를 잘 모르겠다"[1] 며 아쉬움을 토로했다. 2010년 전체 가구 형태에서 23.9%를 차지하며 우리나라에서 두 번째로 많은 가구 형태[2] 로 자리 잡은 1인 가구, 즉 혼족이 여전히 이러한 고충을 겪고 있다는 것은 분명한 문제이다. 혼자서 끼니를 해결해야 하는 혼족들은 외식업계의 냉담한 태도 때문에 식당에 들러 제대로 된 식사를 하는 것조차 힘든 실정이다. 1인 가구는 늘어가는데, 왜 외식업계는 그에 맞춰 변화하지 못하고 있을까? <u>이 글에서는 외식업계가 혼밥족의 식당 이용을 거부하거나 냉대하지 말고 그들을 받아들여야 하며 그러기 위해서 식당 시스템을 개선해야 한다고 주장할 것이다.</u> (학생 글)
>
> ---
>
> 1) 유승목, "[빨간날]"1인분은 안 팔아요"…밥 먹을 사람 찾는 혼행족", 《머니투데이》, 2018.03.25.(http://news.mt.co.kr/mtview.php?no=2018032014293648982)(2018-05-09).
>
> 2) 우민희, 「정상성의 관계에 선 청년세대 일인가구: 여가 활동과 가족 가치관을 중심으로」, 이화여자대학교 석사학위논문, 2014, 12쪽.

4) 본론 쓰기

본론은 글을 통해 하고 싶은 전체 주장의 내용과 그 근거가 빠짐없이 드러나야 한다. 본론의 장 구성은 서론을 통해 전하고자 하는 이야기의 단계와 과정을 각각 독립해서 표현해야 한다. 따라서 본론은 하나가 아닌 두 개 이상의 장으로 구성되며 각 장은 각기 다른 주제로 구성되고 각 장은 비슷한 분량으로 기술되어야 한다.

앞선 학생 글을 예로 든다면 학생은 서론에서 'K-POP 성 상품화 사례, 원인 진단, 개선방안'을 다룬다고 했으므로 이글의 목차는 아래와 같이 구성되어야 하며 이때 본론은 2~4장까지 총 3장으로 구성되어야 한다.

본론에 해당하는 2~4장에는 몇 개의 절로 구분해서 기술할 수 있다. 절로 구분할 경우에는 보다 더 집약적이고 논리적인 글쓰기가 가능하다. 단 1~2쪽 내외의 짧은 글인 경우 절까지 분절하면 내용이 빈약해질 수 있으므로 주의해야 한다.

1. 서론
2. K-POP의 성 상품화 사례
3. K-POP 성 상품화의 원인
   1) 아이돌의 성공 신화와 침묵
   2) 기획사의 갑질 횡포와 비윤리성
   3) 방송사의 시청률 지상주의와 자극성
4. K-POP 성 상품화 해결 방안
   1) 아이돌의 올바른 직업관과 자존감 교육
   2) 기획사의 윤리 경영
   3) 현실성 있는 법 적용
5. 결론

참고 자료

혼밥족의 외식 문제를 다룬 학생 역시 자신의 주장을 뒷받침할 수 있도록 본문을 구성했다.

Ⅰ. 서론
Ⅱ. 외식업계의 혼밥족 거부 이유
　1. 혼밥족을 위한 좌석 미비
　2. 혼밥족을 위한 메뉴 부재
Ⅲ. 혼밥족 거부에 따른 문제
　1. 혼족에 대한 사회적 편견
　2. 혼족들의 영양 불균형
Ⅳ. 해결 방안
　1. 1인을 위한 공간과 시스템
　2. 1인 메뉴 개발
Ⅴ. 결론
참고 자료

5) 결론 쓰기

결론에서 주의해야 할 점은 새로운 논쟁을 시작하면 안 되는 것이다. 결론 구성은 지금까지 전개한 글의 내용을 요약하는 방식이 가장 안정적이다. 글의 목적과 주제 그리고 그 근거를 다시 한 번 정리해 줌으로써 글을 읽는 독자가 글의 주제를 환기할 수 있도록 작성한다. 또한 본문 내용을 요약 · 정리하는 것 외에도 앞으로의 기대효과, 향후전망을 제시할 수도 있으며 본문에서 해결되지 않은 과제를 제시함으로써 추후 연구 가능성도 언급할 수 있다.

결론에서는 서론에서부터 시작한 자신의 글을 정리, 요약하기 때문에 첫 문단을 "지금까지"로 시작하는 것이 안정적이다. 아래 글은 K-POP의 성 상품화 문제를 지적하고 그에 대한 해결방안을 제시한 글의 결론 부분이다.

> 지금까지 K-POP에서 나타난 성 상품화의 현상과 그 원인 및 해결 방안을 살펴보았다. 성 상품화 문제를 해결하기 위해서는 무엇보다 올바른 성적 인식 강화가 필요하다. 기획사에서 음반 제작자, 연습생에게 주기적으로 올바른 성 교육을 실시하고, K-POP 성 상품화에 대한 솜방망이식 처벌, 규제를 강화하며, 공익광고를 통해 성 상품화의 문제성을 대중이 자각하고 깨우쳐야 한다. 최소한 세 가지 방법이라도 성 상품화 본질적인 문제에 개선할 의지와 실천을 보여준다면 성 상품화 논란을 잠재우고 올바른 성적 인식을 강화할 수 있을 것이다. 변화된 시각으로 한류의 아이콘 K-POP을 보게 된다면 더욱 성숙하고 바른 우리의 음악 문화를 즐길 수 있을 것이라 생각한다. (학생 글)

결론을 쓸 때 '지금까지'로 시작하면 자연스럽게 요약과 정리를 할 수 있는 이점이 있다. 다음은 혼밥족의 외식 문화 개선을 위한 방안을 제안한 소논문 결론이다.

> 지금까지 외식업계의 혼밥족 이용 거부에 대한 원인과 문제점, 그리고 해결 방안을 알아보았다. 1인 가구가 우리 사회의 주요 소비적 주체로 성장하고 있는 데 반해, 외식업계는 식당 내 혼밥족을 위한 좌석 미비와 혼밥족을 위한 메뉴 부재로 인해 혼밥족들을 거부하고 있었다. 이러한 거부 현상은 혼족들에 대한 사회적 편견을 초래했으며, 혼밥족들의 영양 불균형 문제로 이어지고 있다. 이에 대해서 외식업계가 1인 좌석과 식권발매기 등을 설치하여 혼밥족의 편리한 이용과 식당의 효율적 운영을 할 수 있도록 하는 시스템적 개선을 제안했으며, 혼밥족에 적당한 양을 제공하여 맛있게 식사할 수 있고 잔반도 최소화할 수

있는 1인 메뉴 개발을 해결 방안으로써 제시했다. 이 글에서 제시한 해결 방안은 외식업계 스스로가 실천해 주지 않으면 문제 해결이 되지 않는다는 점, 식당 측에 막대한 비용이 든다는 점 등의 한계가 있다. 하지만 앞으로 더 많이 생겨날 우리 사회의 혼족들에게 생기고 있는 문제점 중에서 특히 중요하다고 여겨지는 '식(食) 문제'에 대해, 외식업계가 혼밥족에게 취하고 있는 문제 태도를 지적하고 해결 방안을 제시한다는 데 그 의의를 두고 있다. 앞으로 우리 사회의 외식업계가 혼족을 꺼리거나 차별하지 않고 조금 더 이해하고 배려하는 마음으로 그들을 대하기 위해 변화해 간다면, 외식업계는 더 나은 발전과 이익 창출을, 혼족들은 더욱 행복하고 즐거운 삶을 기대할 수 있을 것이다. (학생 글)

부록: 첨삭 노트

단원 명		과제 명		날짜	
학과		학번		이름	
총평:					첨삭란

부록: 첨삭 노트

단원 명		과제 명		날짜	
학과		학번		이름	
총평:					첨삭란

부록: 첨삭 노트

단원 명		과제 명		날짜	
학과		학번		이름	
총평:					첨삭란

부록: 첨삭 노트

<table>
<tr><td>단원 명</td><td></td><td>과제 명</td><td></td><td>날짜</td><td></td></tr>
<tr><td>학과</td><td></td><td>학번</td><td></td><td>이름</td><td></td></tr>
<tr><td colspan="5">총평:</td><td>첨삭란</td></tr>
<tr><td colspan="5"></td><td></td></tr>
</table>

부록: 첨삭 노트

단원 명		과제 명		날짜	
학과		학번		이름	
총평:					첨삭란

부록: 첨삭 노트

단원 명		과제 명		날짜	
학과		학번		이름	
총평:					첨삭란

부록: 첨삭 노트

단원 명		과제 명		날짜	
학과		학번		이름	
총평:					첨삭란

부록: 첨삭 노트

단원 명		과제 명		날짜	
학과		학번		이름	

총평:	첨삭란

부록: 첨삭 노트

단원 명		과제 명		날짜	
학과		학번		이름	
총평:					첨삭란

부록: 첨삭 노트

단원 명		과제 명		날짜	
학과		학번		이름	
총평:					첨삭란

| 전면개정판 |

세상을 바꾸는 글쓰기

2016년 2월 29일 초판 1쇄 발행
2018년 8월 31일 전면개정판 1쇄 발행
2019년 8월 30일 전면개정판 2쇄 발행
2020년 2월 28일 전면개정판 3쇄 발행
2021년 7월 30일 전면개정판 4쇄 발행
2022년 5월 31일 전면개정판 5쇄 발행
2023년 6월 9일 전면개정판 6쇄 발행

저 자/ 부산외국어대학교 만오교양대학 교재편찬위원회
발행인/ 장순흥
발행처/ 부산외국어대학교 출판부
등 록/ 제 14-11-15호
주 소/ 46234 부산광역시 금정구 금샘로485번길 65
전 화/ 051) 509-6448 팩스/ 051) 509-6468
편 집/ 주간 · 임기대
디자인/ 권경미, 뉴봄
인쇄처/ 세종문화사 (051) 463-5898
공급처/ 한국출판협동조합 (02) 716-5616~9

ISBN 978-89-8312-445-6 03300

정가 11,000 원

이 도서의 국립중앙도서관 출판예정도서목록(CIP)은 서지정보유통지원시스템 홈페이지
(http://seoji.nl.go.kr)와 국가자료공동목록시스템(http://www.nl.go.kr/kolisnet)에서
이용하실 수 있습니다.(CIP제어번호: CIP2018026354)